INTRODUCTION A L'ESOTERISME CHRETIEN

René Guénon (1886-1951)

© 2024 René Guenon (domaine public)
Édition : BoD · Books on Demand GmbH, In de Tarpen 42,
22848 Norderstedt (Allemagne)
Impression : Libri Plureos GmbH, Friedensallee 273,
22763 Hamburg (Allemagne)
ISBN : 978-2-3224-9595-5
Dépôt légal : Décembre 2024

PREMIÈRE PARTIE

STRUCTURE ET CARACTÉRISTIQUES DE LA TRADITION CHRÉTIENNE

CHAPITRE PREMIER

À PROPOS DES LANGUES SACRÉES

Nous avons fait remarquer incidemment, il y a quelque temps[1], que le monde occidental n'avait à sa disposition aucune langue sacrée autre que l'hébreu ; il y a là, à vrai dire, un fait assez étrange et qui appelle quelques observations ; même si l'on ne prétend pas résoudre les diverses questions qui se posent à ce sujet, la chose n'est pas sans intérêt. Il est évident que, si l'hébreu peut jouer ce rôle en Occident, c'est en raison de la filiation directe qui existe entre les traditions judaïque et chrétienne et de l'incorporation des Écritures hébraïques aux Livres sacrés du Christianisme lui-même ; mais on peut se demander comment il se fait que celui-ci n'ait pas une langue sacrée qui lui appartienne en propre, en quoi son cas, parmi les différentes traditions, apparaît comme véritablement exceptionnel.

À cet égard, il importe avant tout de ne pas confondre les langues sacrées avec les langues simplement liturgiques[2] : pour qu'une langue puisse remplir ce dernier rôle, il suffit en somme qu'elle soit « fixée », exempte des variations continuelles que subissent forcément les langues qui sont parlées communément[3] ; mais les langues sacrées sont exclusivement celles en lesquelles sont formulées les Écritures des différentes traditions. Il va de soi que toute langue sacrée est aussi en même temps, et à plus forte raison, la langue liturgique ou rituelle de la tradition à laquelle elle appartient[4], mais l'inverse n'est pas vrai ; ainsi, le grec et le latin peuvent parfaitement, de même que quelques autres langues anciennes[5], jouer le rôle de langues liturgiques pour le Christianisme[6], mais ils ne sont aucunement des langues sacrées ; même si l'on supposait qu'ils ont pu avoir autrefois un tel caractère[7], ce serait en tout cas dans des traditions disparues et avec lesquelles le Christianisme n'a évidemment aucun rapport de filiation.

L'absence de langue sacrée dans le Christianisme devient encore plus frappante lorsqu'on remarque que, même pour ce qui est des Écritures hébraïques, dont le texte primitif existe cependant, il ne se sert « officiellement » que de traductions grecque et latine[8]. Quant au Nouveau Testament, on sait que le texte n'en est connu qu'en grec, et que c'est sur celui-ci qu'ont été faites toutes les versions en d'autres langues, même en hébreu et en syriaque ; or, tout au moins pour les Évangiles, il est assurément impossible d'admettre que ce soit là leur véritable langue, nous voulons dire celle dans laquelle les paroles mêmes du Christ ont été prononcées. Il se peut cependant qu'ils n'aient jamais été écrits effectivement qu'en grec, ayant été précédemment transmis oralement dans la langue originelle[9] ; mais on peut alors se demander pourquoi la fixation par l'écriture, lorsqu'elle a eu lieu, ne s'est pas faite tout aussi bien dans cette langue même, et c'est là une question à laquelle il serait bien difficile de répondre. Quoi qu'il en soit, tout cela n'est pas sans présenter certains inconvénients à divers égards, car une langue sacrée peut seule assurer l'invariabilité rigoureuse du texte des Écritures ; les traductions varient nécessairement d'une langue à une autre, et, de plus, elles ne peuvent jamais être qu'approximatives, chaque langue ayant ses modes d'expression propres qui ne correspondent pas exactement à ceux des autres[10] ; même lorsqu'elles rendent aussi bien que possible le sens extérieur et littéral, elles apportent en tout cas bien des obstacles à la pénétration des autres sens plus profonds[11] ; et l'on peut se rendre compte par là de quelques-unes des difficultés toutes spéciales que présente l'étude de la tradition chrétienne pour qui ne veut pas s'en tenir à de simples apparences plus ou moins superficielles.

Bien entendu, tout cela ne veut nullement dire qu'il n'y ait pas de raisons pour que le Christianisme ait ce caractère exceptionnel d'être une tradition sans langue sacrée ; il doit au contraire y en avoir très certainement, mais il faut reconnaître qu'elles n'apparaissent pas clairement à première vue, et sans doute faudrait-il, pour parvenir à les dégager, un travail considérable que nous ne pouvons songer à entreprendre ; du reste, presque tout ce qui touche aux origines du Christianisme et à ses premiers temps est malheureusement enveloppé de bien des obscurités. On pourrait aussi se demander s'il n'y a pas quelque rapport entre ce caractère et un autre qui n'est guère moins singulier : c'est que le Christianisme ne possède pas non plus l'équivalent de la partie proprement « légale » des autres traditions ; cela est tellement vrai que, pour y suppléer, il a dû adapter à son usage l'ancien droit romain, en y faisant d'ailleurs des adjonctions, mais qui, pour lui être propres, n'ont pas davantage leur source dans les Écriture mêmes[12]. En rapprochant ces deux faits d'une part, et en se souvenant d'autre part que, comme nous l'avons fait remarquer en d'autres occasions, certains rites chrétiens apparaissent en quelque sorte comme une « extériorisation » de rites initiatiques, on pourrait même se demander si le

Christianisme originel n'était pas en réalité quelque chose de très différent de tout ce qu'on en peut penser actuellement ; sinon quant à la doctrine elle-même[13], du moins quant aux fins en vue desquelles il était constitué[14]. Nous n'avons voulu ici, pour notre part, que poser simplement ces questions, auxquelles nous ne prétendrons certes pas donner une réponse ; mais, étant donné l'intérêt qu'elles présentent manifestement sous plus d'un rapport, il serait fort à souhaiter que quelqu'un qui aurait à sa disposition le temps et les moyens de faire les recherches nécessaires à cet égard puisse, un jour ou l'autre, apporter là-dessus quelques éclaircissements.

CHAPITRE II

CHRISTIANISME ET INITIATION

Nous n'avions pas l'intention de revenir ici sur les questions concernant le caractère propre du Christianisme, car nous pensions que ce que nous en avions dit en diverses occasions, fût-ce plus ou moins incidemment, était tout au moins suffisant pour qu'il ne puisse y avoir aucune équivoque à cet égard[1]. Malheureusement, nous avons dû constater en ces derniers temps qu'il n'en était rien, et qu'il s'était au contraire produit à ce propos, dans l'esprit d'un assez grand nombre de nos lecteurs, des confusions plutôt fâcheuses, ce qui nous a montré la nécessité de donner de nouveau quelques précisions sur certains points. Ce n'est d'ailleurs qu'à regret que nous nous y décidons, car nous devons avouer que nous ne nous sommes jamais senti aucune inclination pour traiter spécialement ce sujet, pour plusieurs raisons diverses, dont la première est l'obscurité presque impénétrable qui entoure tout ce qui se rapporte aux origines et aux premiers temps du Christianisme, obscurité telle que, si l'on y réfléchit bien, elle paraît ne pas pouvoir être simplement accidentelle et avoir été expressément voulue ; cette remarque est du reste à retenir en connexion avec ce que nous dirons par la suite.

En dépit de toutes les difficultés qui résultent d'un tel état de choses, il y a cependant au moins un point qui ne semble pas douteux, et qui d'ailleurs n'a été contesté par aucun de ceux qui nous ont fait part de leurs observations, mais sur lequel, tout au contraire, quelques-uns se sont appuyés pour formuler certaines de leurs objections : c'est que, loin de n'être que la religion ou la tradition exotérique que l'on connaît actuellement sous ce nom, le Christianisme, à ses origines, avait, tant par ses rites que par sa doctrine, un caractère essentiellement ésotérique, et par conséquent initiatique. On peut en trouver une confirmation dans le fait que la tradition islamique considère le Christianisme primitif comme ayant été proprement une *tarîqah*, c'est-à-dire en somme une voie initiatique, et non une *sharîyah* ou une législation d'ordre social et s'adressant à tous ; et cela est tellement vrai que, par la suite, on dut y suppléer par la constitution d'un droit « canonique » qui ne fut en réalité qu'une adaptation de l'ancien droit romain, donc quelque chose qui vint entièrement du dehors, et non point un développement de ce qui était contenu tout d'abord dans le Christianisme lui-même. Il est du reste évident qu'on ne trouve dans l'Évangile aucune prescription qui puisse être regardée comme ayant un caractère véritablement légal au sens propre de ce mot ; la parole bien connue : « Rendez à César ce qui est à César... », nous paraît tout particulièrement significative à cet égard, car elle implique formellement, pour tout ce qui est d'ordre extérieur, l'acceptation d'une législation complètement étrangère à la tradition chrétienne, et qui est simplement celle qui existait en fait dans le milieu où celle-ci prit naissance, par là même qu'il était alors incorporé à l'Empire romain. Ce serait là, assurément, une lacune des plus graves si le Christianisme avait été alors ce qu'il est devenu plus tard ; l'existence même d'une telle lacune serait non seulement inexplicable, mais vraiment inconcevable pour une tradition orthodoxe et régulière, si cette tradition devait réellement comporter un exotérisme aussi bien qu'un ésotérisme, et si elle devait même, pourrait-on dire, s'appliquer avant tout au domaine exotérique ; par contre, si le Christianisme avait le caractère que nous venons de dire, la chose s'explique sans peine, car il ne s'agit nullement d'une lacune, mais d'une abstention intentionnelle d'intervenir dans un domaine qui, par définition même, ne pouvait pas le concerner dans ces conditions.

Pour que cela ait été possible, il faut que l'Église chrétienne, dans les premiers temps, ait constitué une organisation fermée ou réservée, dans laquelle tous n'étaient pas admis indistinctement, mais seulement ceux qui possédaient les qualifications nécessaires pour recevoir valablement l'initiation sous la forme qu'on peut appeler « christique » ; et l'on pourrait sans doute retrouver encore bien des indices qui montrent qu'il en fut effectivement ainsi, quoiqu'ils soient généralement incompris à notre époque, et que même, par suite de la tendance moderne à nier l'ésotérisme, on cherche trop souvent, d'une façon plus ou moins consciente, à les détourner de leur véritable signification[2]. Cette Église était en somme comparable, sous ce rapport, au *Sangha* bouddhique, où l'admission avait aussi les caractères d'une véritable initiation[3], et qu'on a coutume d'assimiler à un « ordre monastique », ce qui est juste tout au moins en ce sens que ses statuts particuliers n'étaient, pas plus que ceux d'un ordre monastique au sens chrétien de ce terme, faits pour être étendus à tout l'ensemble de la société au sein de laquelle cette organisation avait été établie[4]. Le cas du Christianisme, à ce point de vue, n'est donc pas unique parmi les différentes formes traditionnelles connues, et cette constatation nous paraît être de nature à diminuer l'étonnement que certains pourraient en éprouver ; il est peut-être plus difficile d'expliquer qu'il ait ensuite changé de caractère aussi complètement que le montre tout ce que nous voyons autour de nous, mais ce n'est pas encore le moment d'examiner cette autre question.

Voici maintenant l'objection qui nous a été adressée et à laquelle nous faisions allusion plus haut : dès lors que les rites chrétiens, et en particulier les sacrements, ont eu un caractère initiatique, comment ont-ils jamais pu le perdre pour devenir de simples rites exotériques ? Cela est impossible et même contradictoire, nous dit-on, parce que le caractère initiatique est permanent et immuable et ne saurait jamais être effacé, de sorte qu'il faudrait seulement admettre que, du fait des circonstances et de l'admission d'une grande majorité d'individus non qualifiés, ce qui était primitivement une initiation effective s'est trouvé réduit à n'avoir plus que la valeur d'une initiation virtuelle. Il y a là une méprise qui nous paraît tout à fait évidente : l'initiation, ainsi que nous l'avons expliqué à maintes reprises, confère bien en effet à ceux qui la reçoivent un caractère qui est acquis une fois pour toutes et qui est véritablement ineffaçable ; mais cette notion de la permanence du caractère initiatique s'applique aux êtres humains qui le possèdent, et non pas à des rites ou à l'action de l'influence spirituelle à laquelle ceux-ci sont destinés à servir de véhicule ; il est absolument injustifié de vouloir la transporter de l'un de ces deux cas à l'autre, ce qui revient même en réalité à lui attribuer une signification toute différente, et nous sommes certain de n'avoir jamais rien dit nous-même qui puisse donner lieu à une semblable confusion. À l'appui de cette objection, on fait valoir que l'action qui s'exerce par les sacrements chrétiens est rapportée au Saint-Esprit, ce qui est parfaitement exact, mais entièrement en dehors de la question ; que d'ailleurs l'influence spirituelle soit désignée ainsi conformément au langage chrétien, ou autrement suivant la terminologie propre à telle ou telle tradition, il est également vrai que sa nature est essentiellement transcendante et supra-individuelle, car, s'il n'en était pas ainsi, ce n'est plus du tout à une influence spirituelle qu'on aurait affaire, mais à une simple influence psychique ; seulement, cela étant admis, qu'est-ce qui pourrait empêcher que la même influence, ou une influence de même nature, agisse suivant des modalités différentes et dans des domaines également différents, et en outre, parce que cette influence est en elle-même d'ordre transcendant, faudrait-il que ses effets le soient nécessairement aussi dans tous les cas[5] ? Nous ne voyons pas du tout pourquoi il en serait ainsi, et nous sommes même certain du contraire ; en effet, nous avons toujours eu le plus grand soin d'indiquer qu'une influence spirituelle intervient aussi bien dans les rites exotériques que dans les rites initiatiques, mais il va de soi que les effets qu'elle produit ne sauraient aucunement être du même ordre dans les deux cas, sans quoi la distinction même des deux domaines correspondants ne subsisterait plus[6]. Nous ne comprenons pas davantage en quoi il serait inadmissible que l'influence qui opère par le moyen des sacrements chrétiens, après avoir agi tout d'abord dans l'ordre initiatique, ait ensuite, dans d'autres conditions et pour des raisons dépendant de ces conditions mêmes, fait descendre son action dans le domaine simplement religieux et exotérique, de telle sorte que ses effets ont été dès lors limités à certaines possibilités d'ordre exclusivement individuel, ayant pour terme le « salut », et cela tout en conservant cependant, quant aux apparences extérieures, les mêmes supports rituels, parce que ceux-ci étaient d'institution christique et que sans eux il n'y aurait même plus eu de tradition proprement chrétienne. Qu'il en ait bien réellement été ainsi en fait, et que par conséquent, dans l'état présent des choses et même depuis une époque fort éloignée, on ne puisse plus considérer en aucune façon les rites chrétiens comme ayant un caractère initiatique, c'est ce sur quoi il nous va falloir insister avec plus de précision ; mais nous devons d'ailleurs faire remarquer qu'il y a une certaine impropriété de langage à dire qu'ils ont « perdu » ce caractère, comme si ce fait avait été purement accidentel, car nous pensons au contraire qu'il a dû s'agir là d'une adaptation qui, malgré les conséquences regrettables qu'elle eut forcément à certains égards, fut pleinement justifiée et même nécessitée par les circonstances de temps et de lieu.

Si l'on considère quel était, à l'époque dont il s'agit, l'état du monde occidental, c'est-à-dire de l'ensemble des pays qui étaient alors compris dans l'Empire romain, on peut facilement se rendre compte que, si le Christianisme n'était pas « descendu » dans le domaine exotérique, ce monde, dans son ensemble, aurait été bientôt dépourvu de toute tradition, celles qui y existaient jusque-là, et notamment la tradition gréco-romaine qui y était naturellement devenue prédominante, étant arrivées à une extrême dégénérescence qui indiquait que leur cycle d'existence était sur le point de se terminer[7]. Cette « descente », insistons-y encore, n'était donc nullement un accident ou une déviation, et on doit au contraire la regarder comme ayant eu un caractère véritablement « providentiel », puisqu'elle évita à l'Occident de tomber dès cette époque dans un état qui eût été en somme comparable à celui où il se trouve actuellement. Le moment où devait se produire une perte générale de la tradition comme celle qui caractérise proprement les temps modernes n'était d'ailleurs pas encore venu ; il fallait donc qu'il y eût un « redressement », et le Christianisme seul pouvait l'opérer, mais à la condition de renoncer au caractère ésotérique et « réservé » qu'il avait tout d'abord[8] ; et ainsi le « redressement » n'était pas seulement bénéfique pour l'humanité occidentale, ce qui est trop évident pour qu'il y ait lieu d'y insister, mais il était en même temps, comme l'est d'ailleurs nécessairement toute action « providentielle » intervenant dans le cours de l'histoire, en parfait accord avec les lois cycliques elles-mêmes.

Il serait probablement impossible d'assigner une date précise à ce changement qui fit du Christianisme une religion au sens propre du mot et une forme traditionnelle s'adressant à tous indistinctement ; mais ce qui est certain en tout cas, c'est qu'il était déjà un fait accompli à l'époque de Constantin et du Concile de Nicée, de sorte que celui-ci n'eut qu'à le « sanctionner », si l'on peut dire, en inaugurant l'ère des formulations « dogmatiques » destinées à constituer une présentation purement exotérique de la doctrine[2]. Cela ne pouvait d'ailleurs pas aller sans quelques inconvénients inévitables, car le fait d'enfermer ainsi la doctrine dans des formules nettement définies et limitées rendait beaucoup plus difficile, même à ceux qui en étaient réellement capables, d'en pénétrer le sens profond ; de plus, les vérités d'ordre plus proprement ésotérique, qui étaient par leur nature même hors de la portée du plus grand nombre, ne pouvaient plus être présentées que comme des « mystères » au sens que ce mot a pris vulgairement, c'est-à-dire que, aux yeux du commun, elles ne devaient pas tarder à apparaître comme quelque chose qu'il était impossible de comprendre, voire même interdit de chercher à approfondir. Ces inconvénients n'étaient cependant pas tels qu'ils pussent s'opposer à la constitution du Christianisme en forme traditionnelle exotérique ou en empêcher la légitimité, étant donné l'immense avantage qui devait par ailleurs, ainsi que nous l'avons déjà dit, en résulter pour le monde occidental ; du reste, si le Christianisme comme tel cessait par là d'être initiatique, il restait encore la possibilité qu'il subsistât, à son intérieur, une initiation spécifiquement chrétienne pour l'élite qui ne pouvait s'en tenir au seul point de vue de l'exotérisme et s'enfermer dans les limitations qui sont inhérentes à celui-ci ; mais c'est là encore une autre question que nous aurons à examiner un peu plus tard.

D'autre part, il est à remarquer que ce changement dans le caractère essentiel et, pourrait-on dire, dans la nature même du Christianisme, explique parfaitement que, comme nous le disions au début, tout ce qui l'avait précédé ait été volontairement enveloppé d'obscurité, et que même il n'ait pas pu en être autrement. Il est évident en effet que la nature du Christianisme originel, en tant qu'elle était essentiellement ésotérique et initiatique, devait demeurer entièrement ignorée de ceux qui étaient maintenant admis dans le Christianisme devenu exotérique ; par conséquent, tout ce qui pouvait faire connaître ou seulement soupçonner ce qu'avait été réellement le Christianisme à ses débuts devait être recouvert pour eux d'un voile impénétrable. Bien entendu, nous n'avons pas à rechercher par quels moyens un tel résultat a pu être obtenu, ce serait plutôt là l'affaire des historiens, si toutefois il leur venait à l'idée de se poser cette question, qui d'ailleurs leur apparaîtrait sans doute comme à peu près insoluble, faute de pouvoir y appliquer leurs méthodes habituelles et s'appuyer sur des « documents » qui manifestement ne sauraient exister en pareil cas ; mais ce qui nous intéresse ici, c'est seulement de constater la chose et d'en comprendre la véritable raison. Nous ajouterons que, dans ces conditions, et contrairement à ce que pourraient en penser les amateurs d'explications rationnelles, qui sont aussi toujours des explications superficielles et « simplistes », on ne peut aucunement attribuer cette « obscuration » des origines à une ignorance trop évidemment impossible chez ceux qui devaient être d'autant plus conscients de la transformation du Christianisme qu'ils y avaient eux-mêmes pris une part plus ou moins directe, ni prétendre non plus, suivant un préjugé assez répandu parmi les modernes qui prêtent trop volontiers aux autres leur propre mentalité, qu'il y ait eu là de leur part une manœuvre « politique » et intéressée, dont nous ne voyons d'ailleurs pas très bien quel profit ils auraient pu retirer effectivement ; la vérité est au contraire que cela fut rigoureusement exigé par la nature même des choses, afin de maintenir, en conformité avec l'orthodoxie traditionnelle, la distinction profonde des deux domaines exotérique et ésotérique[10].

Certains pourraient peut-être se demander ce qu'il est advenu, avec un pareil changement, des enseignements du Christ, qui constituent le fondement du Christianisme par définition même, et dont il ne pourrait s'écarter sans cesser de mériter son nom, sans compter qu'on ne voit pas ce qui pourrait s'y substituer sans compromettre le caractère « non-humain » en dehors duquel il n'y a plus aucune tradition authentique. En réalité, ces enseignements n'ont pas été touchés par là ni modifiés en aucune façon dans leur « littéralité », et la permanence du texte des Évangiles et des autres écrits du Nouveau Testament, qui remontent évidemment à la première période du Christianisme, en constitue une preuve suffisante[11] ; ce qui a changé, c'est seulement leur compréhension, ou, si l'on préfère, la perspective suivant laquelle ils sont envisagés et la signification qui leur est donnée en conséquence, sans d'ailleurs qu'on puisse dire qu'il y ait quoi que ce soit de faux ou d'illégitime dans cette signification, car il va de soi que les mêmes vérités sont susceptibles de recevoir une application dans des domaines différents, en vertu des correspondances qui existent entre tous les ordres de réalité. Seulement, il y a des préceptes qui, concernant spécialement ceux qui suivent une voie initiatique, et applicables par conséquent dans un milieu restreint et en quelque sorte qualitativement homogène, deviennent impraticables en fait si on veut les étendre à tout l'ensemble de la société humaine ; c'est ce qu'on reconnaît assez explicitement en les considérant comme étant seulement des « conseils de perfection », auxquels ne s'attache aucun caractère d'obligation[12] ; cela revient à dire que chacun n'est tenu de suivre la voie évangélique que dans la mesure non seulement de sa propre capacité, ce qui va de soi, mais même de ce que lui permettent les circonstances contingentes dans lesquelles il se trouve placé, et c'est là en effet tout ce qu'on peut raisonnablement exiger de ceux qui ne visent pas à dépasser la simple pratique exotérique[13]. D'autre part, pour ce qui est de la doctrine proprement dite, s'il est des vérités qui peuvent être comprises à la fois exotériquement et ésotériquement, suivant des sens se rapportant à des degrés différents de réalité, il en est d'autres qui, relevant exclusivement de l'ésotérisme et n'ayant aucune correspondance en dehors de celui-ci, deviennent, comme nous l'avons déjà dit, entièrement incompréhensibles quand on essaie de les transporter dans le domaine exotérique, et qu'on doit forcément se borner alors à exprimer purement et simplement sous la forme d'énonciations « dogmatiques », sans jamais chercher à en donner la moindre explication ; ce sont celles-ci qui constituent proprement ce qu'on est convenu d'appeler les « mystères » du Christianisme. À vrai dire, l'existence même de ces « mystères » serait tout à fait injustifiable si l'on n'admettait pas le caractère ésotérique du Christianisme originel ; en tenant compte de celui-ci, au contraire, elle apparaît comme une conséquence normale et inévitable de l'« extériorisation » par laquelle le Christianisme, tout en conservant la même forme quant aux apparences, dans sa doctrine aussi bien que dans ses rites, est devenu la tradition exotérique et spécifiquement religieuse que nous connaissons aujourd'hui.

*

Parmi les rites chrétiens, ou plus précisément parmi les sacrements qui en constituent la partie la plus essentielle, ceux qui présentent la plus grande similitude avec des rites d'initiation, et qui par conséquent doivent en être regardés comme l'« extériorisation » s'ils ont eu effectivement ce caractère à l'origine[14], sont naturellement, comme nous l'avons déjà fait remarquer ailleurs, ceux qui ne peuvent être reçus qu'une seule fois, et avant tout le baptême. Celui-ci, par lequel le néophyte était admis dans la communauté chrétienne et en quelque sorte « incorporé » à celle-ci, devait évidemment, tant qu'elle fut une organisation initiatique, constituer la première initiation, c'est-à-dire le début des « petits mystères » ; c'est d'ailleurs ce qu'indique nettement le caractère de « seconde naissance » qu'il a conservé, bien qu'avec une application différente, même en descendant dans le domaine exotérique. Ajoutons tout de suite, pour n'avoir pas à y revenir, que la confirmation paraît avoir marqué l'accession à un degré supérieur, et le plus vraisemblable est que celui-ci correspondait en principe à l'achèvement des « petits mystères » ; quant à l'ordre, qui maintenant donne seulement la possibilité d'exercer certaines fonctions, il ne peut être que l'« extériorisation » d'une initiation sacerdotale, se rapportant comme telle aux « grands mystères ».

Pour se rendre compte que, dans ce qu'on pourrait appeler le second état du Christianisme, les sacrements n'ont plus aucun caractère initiatique et ne sont bien réellement que des rites purement exotériques, il suffit en somme de considérer le cas du baptême, puisque tout le reste en dépend directement. À l'origine, malgré l'« obscuration » dont nous avons parlé, on sait tout au moins que, pour conférer le baptême, on s'entourait de précautions rigoureuses, et que ceux qui devaient le recevoir étaient soumis à une longue préparation. Actuellement, c'est en quelque sorte tout le contraire qui a lieu, et on semble avoir fait tout le possible pour faciliter à l'extrême la réception de ce sacrement, puisque non seulement il est donné à n'importe qui indistinctement, sans qu'aucune question de qualification et de préparation ait à se poser, mais que même il peut aussi être conféré valablement par n'importe qui, alors que les autres sacrements ne peuvent l'être que par ceux, prêtres ou évêques, qui exercent une fonction rituelle déterminée. Ces facilités, ainsi que le fait que les enfants sont baptisés le plus tôt possible après leur naissance, ce qui exclut évidemment l'idée d'une préparation quelconque, ne peuvent s'expliquer que par un changement radical dans la conception même du baptême, changement à la suite duquel il fut considéré comme une condition indispensable pour le « salut », et qui devait par conséquent être assurée au plus grand nombre possible d'individus, alors que primitivement il s'agissait de tout autre chose. Cette façon de voir, suivant laquelle le « salut » qui est le but final de tous les rites exotériques, est lié nécessairement à l'admission dans l'Église chrétienne, n'est en somme qu'une conséquence de cette sorte d'« exclusivisme » qui est inévitablement inhérent au point de vue de tout exotérisme comme tel. Nous ne croyons pas utile d'y insister davantage, car il est trop clair qu'un rite qui est conféré à des enfants naissants, et sans même qu'on se préoccupe aucunement de déterminer leurs qualifications par un moyen quelconque, ne saurait avoir le caractère et la valeur d'une initiation, celle-ci fût-elle réduite à n'être plus que simplement virtuelle ; nous allons d'ailleurs revenir tout à l'heure sur la question de la possibilité de la subsistance d'une initiation virtuelle par les sacrements chrétiens.

Nous signalerons encore accessoirement un point qui n'est pas sans importance : c'est que, dans le Christianisme tel qu'il est actuellement, et contrairement à ce qu'il en était tout d'abord, tous les rites sans exception sont publics ; tout le monde peut y assister, même à ceux qui paraîtraient devoir être plus particulièrement « réservés », comme l'ordination d'un prêtre ou la consécration d'un évêque, et à plus forte raison à un baptême ou à une confirmation. Or ce serait là une chose inadmissible s'il s'agissait de rites d'initiation, qui normalement ne peuvent être accomplis qu'en présence de ceux qui ont déjà reçu la même initiation[15] ; entre la publicité d'une part et l'ésotérisme et l'initiation de l'autre, il y a évidemment incompatibilité. Si cependant nous ne regardons cet argument que comme secondaire, c'est que, s'il n'y en avait pas d'autres, on pourrait prétendre qu'il n'y a là qu'un abus dû à une certaine dégénérescence, comme il peut s'en produire parfois dans une organisation initiatique sans que celle-ci aille pour cela jusqu'à perdre son caractère propre ; mais nous avons vu que, précisément, la descente du Christianisme dans l'ordre exotérique ne devait nullement être considérée comme une dégénérescence, et d'ailleurs les autres raisons que nous exposons suffisent pleinement à montrer que, en réalité, il ne peut plus y avoir là aucune initiation.

S'il y avait encore une initiation virtuelle, comme certains l'ont envisagé dans les objections qu'ils nous ont faites, et si par conséquent ceux qui ont reçu les sacrements chrétiens, ou même le seul baptême, n'avaient dès lors nul besoin de rechercher une autre forme d'initiation quelle qu'elle soit[16], comment pourrait-on expliquer l'existence d'organisations initiatiques spécifiquement chrétiennes, telles qu'il y en eut incontestablement pendant tout le moyen âge, et quelle pourrait bien être alors leur raison d'être, puisque leurs rites particuliers feraient en quelque sorte double emploi avec les rites ordinaires du Christianisme ? On dira que ceux-ci constituent ou représentent seulement une initiation aux « petits mystères », de sorte que la recherche d'une autre initiation se serait imposée à ceux qui auraient voulu aller plus loin et accéder aux « grands mystères » ; mais, outre qu'il est fort invraisemblable, pour ne pas dire plus, que tous ceux qui entrèrent dans les organisations dont il s'agit aient été prêts à aborder ce domaine, il y a contre une telle supposition un fait décisif : c'est l'existence de l'hermétisme chrétien, puisque, par définition même, l'hermétisme relève précisément des « petits mystères » ; et nous ne parlons pas des initiations de métier, qui se rapportent aussi à ce même domaine, et qui, même dans les cas où elles ne peuvent être dites spécifiquement chrétiennes, n'en requéraient pas moins de leurs membres, dans un milieu chrétien, la pratique de l'exotérisme correspondant.

Maintenant, il nous faut prévoir encore une autre équivoque, car certains pourraient être tentés de tirer de ce qui précède une conclusion erronée, pensant que, si les sacrements n'ont plus aucun caractère initiatique, il doit en résulter qu'ils ne peuvent jamais avoir des effets de cet ordre, à quoi ils ne manqueraient sans doute pas d'opposer certains cas où il semble bien qu'il en ait été autrement ; la vérité est qu'en effet les sacrements ne peuvent pas avoir de tels effets par eux-mêmes, leur efficacité propre étant limitée au domaine exotérique, mais qu'il y a cependant autre chose à envisager à cet égard. En effet, partout où il existe des initiations relevant spécialement d'une forme traditionnelle déterminée et prenant pour base l'exotérisme même de celle-ci, les rites exotériques peuvent, pour ceux qui ont reçu une telle initiation, être transposés en quelque sorte dans un autre ordre, en ce sens qu'ils s'en serviront comme d'un support pour le travail initiatique lui-même, et que par conséquent, pour eux, les effets n'en seront plus limités au seul ordre exotérique comme ils le sont pour la généralité des adhérents de la même forme traditionnelle ; en cela, il en est du Christianisme comme de toute autre tradition, dès lors qu'il y a ou qu'il y a eu une initiation proprement chrétienne. Seulement, il est bien entendu que, loin de dispenser de l'initiation régulière ou de pouvoir en tenir lieu, cet usage initiatique des rites exotériques la présuppose au contraire essentiellement comme la condition nécessaire de sa possibilité même, condition à laquelle les qualifications les plus exceptionnelles ne sauraient suppléer, et hors de laquelle tout ce qui dépasse le niveau ordinaire ne peut aboutir tout au plus qu'au mysticisme, c'est-à-dire à quelque chose qui, en réalité, ne relève encore que de l'exotérisme religieux.

On peut facilement comprendre, par ce que nous venons de dire en dernier lieu, ce qu'il en fut réellement de ceux qui, au moyen âge, laissèrent des écrits d'inspiration manifestement initiatique, et qu'aujourd'hui on a communément le tort de prendre pour des « mystiques », parce qu'on ne connaît plus rien d'autre, mais qui furent certainement quelque chose de tout différent. Il n'est nullement à supposer qu'il se soit agi là de cas d'initiation « spontanée », ou de cas d'exception dans lesquels une initiation virtuelle demeurée attachée aux sacrements aurait pu devenir effective, alors qu'il y avait toutes les possibilités d'un rattachement normal à quelqu'une des organisations initiatiques régulières qui existaient à cette époque, souvent même sous le couvert des ordres religieux et à leur intérieur, bien que ne se confondant en aucune façon avec eux. Nous ne pouvons nous y étendre davantage pour ne pas allonger indéfiniment cet exposé, mais nous ferons remarquer que c'est précisément quand ces initiations cessèrent d'exister, ou tout au moins d'être suffisamment accessibles pour offrir encore réellement ces possibilités de rattachement, que le mysticisme proprement dit prit naissance, de sorte que les deux choses apparaissent comme étroitement liées[17]. Ce que nous disons ici ne s'applique d'ailleurs qu'à l'Église latine, et ce qui est très remarquable aussi, c'est que, dans les Églises d'Orient, il n'y a jamais eu de mysticisme au sens où on l'entend dans le Christianisme occidental depuis le XVIe siècle ; ce fait peut donner à penser qu'une certaine initiation du genre de celles auxquelles nous faisions allusion a dû se maintenir dans ces Églises, et, effectivement, c'est ce qu'on y trouve avec l'hésychasme, dont le caractère réellement initiatique ne semble pas douteux, même si, là comme dans bien d'autres cas, il a été plus ou moins amoindri au cours des temps modernes, par une conséquence naturelle des conditions générales de cette époque, à laquelle ne peuvent guère échapper que les initiations qui sont extrêmement peu répandues, qu'elles l'aient toujours été ou qu'elles aient décidé volontairement de se « fermer » plus que jamais pour éviter toute dégénérescence. Dans l'hésychasme, l'initiation proprement dite est essentiellement constituée par la transmission régulière de certaines formules, exactement comparables à la communication des *mantras* dans la tradition hindoue et à celle du *wird* dans les *turuq* islamiques ; il y existe aussi toute une « technique » de l'invocation comme moyen propre du travail intérieur[18], moyen bien distinct des rites chrétiens exotériques, quoique ce travail n'en puisse pas moins trouver aussi un point d'appui dans ceux-ci comme nous l'avons expliqué, dès lors que, avec les formules requises, l'influence à laquelle elles servent de véhicule a été transmise valablement, ce qui implique naturellement l'existence d'une chaîne initiatique ininterrompue, puisqu'on ne peut évidemment transmettre que ce qu'on a reçu soi-même[19]. Ce sont là encore des questions que nous ne pouvons qu'indiquer ici très sommairement, mais, du fait que l'hésychasme est encore vivant de nos jours, il nous semble qu'il serait possible de trouver de ce côté certains éclaircissements sur ce qu'ont pu être les caractères et les méthodes d'autres initiations chrétiennes qui malheureusement appartiennent au passé.

Pour conclure enfin, nous pouvons dire ceci : en dépit des origines initiatiques du Christianisme, celui-ci, dans son état actuel, n'est certainement rien d'autre qu'une religion, c'est-à-dire une tradition d'ordre exclusivement exotérique, et il n'a pas en lui-même d'autres possibilités que celles de tout exotérisme ; il ne le prétend d'ailleurs aucunement, puisqu'il n'y est jamais question d'autre chose que d'obtenir le « salut ». Une initiation peut naturellement s'y superposer, et elle le devrait même normalement pour que la tradition soit véritablement complète, possédant effectivement les deux aspects exotérique et ésotérique ; mais, dans sa forme occidentale tout au moins, cette initiation, en fait, n'existe plus présentement. Il est d'ailleurs bien entendu que l'observance des rites exotériques est pleinement suffisante pour atteindre au « salut » ; c'est déjà beaucoup, assurément, et même c'est tout ce à quoi peut légitimement prétendre, aujourd'hui plus que jamais, l'immense majorité des êtres humains ; mais que devront faire, dans ces conditions, ceux pour qui, suivant l'expression de certains *mutaçawwufîn*, « le Paradis n'est encore qu'une prison » ?

SECONDE PARTIE

DE QUELQUES ORGANISATIONS INITIATIQUES CHRÉTIENNES

CHAPITRE III

LES GARDIENS DE LA TERRE SAINTE

Parmi les attributions des Ordres de chevalerie, et plus particulièrement des Templiers, une des plus connues, mais non des mieux comprises en général, est celle de « gardiens de la Terre Sainte ». Assurément, si l'on s'en tient au sens le plus extérieur, on trouve une explication immédiate de ce fait dans la connexion qui existe entre l'origine de ces Ordres et les Croisades, car, pour les Chrétiens comme pour les Juifs, il semble bien que la « Terre Sainte » ne désigne rien d'autre que la Palestine. Pourtant, la question devient plus complexe lorsqu'on s'aperçoit que diverses organisations orientales, dont le caractère initiatique n'est pas douteux, comme les Assacis et les Druses, ont pris également ce même titre de « gardiens de la Terre Sainte ». Ici, en effet, il ne peut plus s'agir de la Palestine ; et il est d'ailleurs remarquable que ces organisations présentent un assez grand nombre de traits communs avec les Ordres de chevalerie occidentaux, que même certaines d'entre elles aient été historiquement en relation avec ceux-ci. Que faut-il donc entendre en réalité par la « Terre Sainte », et à quoi correspond exactement ce rôle de « gardiens » qui semble attaché à un genre d'initiation déterminé, que l'on peut appeler l'initiation « chevaleresque », en donnant à ce terme une extension plus grande qu'on ne le fait d'ordinaire, mais que les analogies existant entre les différentes formes de ce dont il s'agit suffiraient amplement à légitimer ?

Nous avons déjà montré ailleurs, et notamment dans notre étude sur *Le Roi du Monde*, que l'expression de « Terre Sainte » a un certain nombre de synonymes : « Terre Pure », « Terre des Saints », « Terre des Bienheureux », « Terre des Vivants », « Terre d'Immortalité », que ces désignations équivalentes se rencontrent dans les traditions de tous les peuples, et qu'elles s'appliquent toujours essentiellement à un centre spirituel dont la localisation dans une région déterminée peut d'ailleurs, suivant les cas, être entendue littéralement ou symboliquement, ou à la fois dans l'un et l'autre sens. Toute « Terre Sainte » est encore désignée par des expressions comme celles de « Centre du Monde » ou de « Cœur du Monde », et ceci demande quelques explications, car ces désignations uniformes, quoique diversement appliquées, pourraient facilement entraîner à certaines confusions.

Si nous considérons par exemple la tradition hébraïque, nous voyons qu'il est parlé, dans le *Sepher Ietsirah*, du « Saint Palais » ou « Palais intérieur », qui est le véritable « Centre du Monde », au sens cosmogonique de ce terme ; et nous voyons aussi que ce « Saint Palais » a son image dans le monde humain, par la résidence en un certain lieu de la *Shekinah*, qui est la « présence réelle » de la Divinité[1]. Pour le peuple d'Israël, cette résidence de la *Shekinah* était le Tabernacle (*Mishkan*), qui, pour cette raison, était considéré par lui comme le « Cœur du Monde », parce qu'il était effectivement le centre spirituel de sa propre tradition. Ce centre, d'ailleurs, ne fut pas tout d'abord un lieu fixe ; quand il s'agit d'un peuple nomade, comme c'était le cas, son centre spirituel doit se déplacer avec lui, tout en demeurant cependant toujours le même au cours de ce déplacement. « La résidence de la *Shekinah*, dit M. Vulliaud, n'eut de fixité que le jour où le Temple fut construit, pour lequel David avait préparé l'or, l'argent, et tout ce qui était nécessaire à Salomon pour parachever l'ouvrage[2]. Le Tabernacle de la Sainteté de *Jéhovah*, la résidence de la *Shekinah*, est le Saint des Saints qui est le cœur du Temple, qui est lui-même le centre de Sion (Jérusalem), comme la sainte Sion est le centre de la Terre d'Israël, comme la Terre d'Israël est le centre du monde[3]. » On peut remarquer qu'il y a ici comme une série d'extensions donnée graduellement à l'idée du centre dans les applications qui en sont faites successivement, de sorte que l'appellation de « Centre du Monde » ou de « Cœur du Monde » est finalement étendue à la Terre d'Israël tout entière, en tant que celle-ci est considérée comme la « Terre Sainte » ; et il faut ajouter que, sous le même rapport, elle reçoit aussi, entre autres dénominations, celle de « Terre des Vivants ». Il est parlé de « la Terre des Vivants comprenant sept terres », et M. Vulliaud observe que « cette Terre est Chanaan dans lequel il y avait sept peuples[4] », ce qui est exact au sens littéral, bien qu'une interprétation symbolique soit également possible. Cette expression de « Terre des Vivants » est exactement synonyme de « séjour d'immortalité », et la liturgie catholique l'applique au séjour céleste des élus, qui était en effet figuré par la Terre promise, puisque Israël, en pénétrant dans celle-ci, devait voir la fin de ses tribulations. À un autre point de vue encore, la Terre d'Israël, en tant que centre spirituel, était une image du Ciel, car, selon la tradition judaïque, « tout ce que font les Israélites sur terre est accompli d'après les types de ce qui se passe dans le monde céleste[5] ».

Ce qui est dit ici des Israélites peut être dit pareillement de tous les peuples possesseurs d'une tradition véritablement orthodoxe ; et, en fait, le peuple d'Israël n'est pas le seul qui ait assimilé son pays au « Cœur du Monde » et qui l'ait regardé comme une image du Ciel, deux idées qui, du reste, n'en font qu'une en réalité. L'usage du même symbolisme se retrouve chez d'autres peuples qui possédaient également une « Terre Sainte », c'est-à-dire un pays où était établi un centre spirituel ayant pour eux un rôle comparable à celui du Temple de Jérusalem pour les Hébreux. À cet égard, il en est de la « Terre Sainte » comme de l'*Omphalos*, qui était toujours l'image visible du « Centre du Monde » pour le peuple habitant la région où il était placé[6].

Le symbolisme dont il s'agit se rencontre notamment chez les anciens Égyptiens ; en effet, suivant Plutarque, « les Égyptiens donnent à leur contrée le nom de *Chêmia*[7], et la comparent à un cœur[8] ». La raison qu'en donne cet auteur est assez étrange : « Cette contrée est chaude en effet, humide, contenue dans les parties méridionales de la terre habitée, étendue au Midi, comme dans le corps de l'homme le cœur s'étend à gauche », car « les Égyptiens considèrent l'Orient comme le visage du monde, le Nord comme en étant la droite, et le Midi, la gauche[9]. » Ce ne sont là que des similitudes assez superficielles, et la vraie raison doit être tout autre, puisque la même comparaison avec le cœur a été appliquée également à toute terre à laquelle était attribué un caractère sacré et « central », au sens spirituel, quelle que soit sa situation géographique. D'ailleurs, au rapport de Plutarque lui-même, le cœur, qui représentait l'Égypte, représentait en même temps le Ciel : « Les Égyptiens, dit-il, figurent le Ciel, qui ne saurait vieillir puisqu'il est éternel, par un cœur posé sur un brasier dont la flamme entretient l'ardeur[10]. » Ainsi, tandis que le cœur est lui-même figuré par un vase qui n'est autre que celui que les légendes du moyen âge occidental devaient désigner comme le « Saint Graal », il est à son tour, et simultanément, l'hiéroglyphe de l'Égypte et celui du Ciel.

La conclusion à tirer de ces considérations, c'est qu'il y a autant de « Terres Saintes » particulières qu'il existe de formes traditionnelles régulières, puisqu'elles représentent les centres spirituels qui correspondent respectivement à ces différentes formes ; mais, si le même symbolisme s'applique uniformément à toutes ces « Terres Saintes », c'est que ces centres spirituels ont tous une constitution analogue, et souvent jusque dans des détails très précis, parce qu'ils sont autant d'images d'un même centre unique et suprême, qui seul est vraiment le « Centre du Monde », mais dont ils prennent les attributs comme participant de sa nature par une communication directe, en laquelle réside l'orthodoxie traditionnelle, et comme le représentant effectivement, d'une façon plus ou moins extérieure, pour des temps et des lieux déterminés. En d'autres termes, il existe une « Terre Sainte » par excellence, prototype de toutes les autres, centre spirituel auquel tous les autres centres sont subordonnés, siège de la Tradition primordiale dont toutes les traditions particulières sont dérivées par adaptation à telles ou telles conditions définies qui sont celles d'un peuple ou d'une époque. Cette « Terre Sainte » par excellence, c'est la « Contrée suprême », suivant le sens du terme sanscrit *Paradêsha*, dont les Chaldéens ont fait *Pardes* et les Occidentaux *Paradis* ; c'est en effet le « Paradis terrestre », qui est bien le point de départ de toute tradition, ayant en son centre la source unique d'où partent les quatre fleuves coulant vers les quatre points cardinaux[11], et qui est aussi le « séjour d'immortalité », comme il est facile de s'en rendre compte en se reportant aux premiers chapitres de la *Genèse*[12].

Nous ne pouvons songer à revenir ici sur toutes les questions concernant le Centre suprême et que nous avons déjà traitées ailleurs plus ou moins complètement : sa conservation, d'une façon plus ou moins cachée suivant les périodes, du commencement à la fin du cycle, c'est-à-dire depuis le « Paradis terrestre » jusqu'à la « Jérusalem céleste », qui en représentent les deux phases extrêmes ; les noms multiples sous lesquels il est désigné, comme ceux de *Tula*, de *Luz*, de *Salem*, d'*Agarttha* ; les différents symboles qui le figurent, comme la montagne, la caverne, l'île et bien d'autres encore, en relation immédiate, pour la plupart, avec le symbolisme du « Pôle » ou de l'« Axe du Monde ». À ces figurations, nous pouvons joindre aussi celles qui en font une ville, une citadelle, un. temple ou un palais, suivant l'aspect sous lequel on l'envisage plus spécialement ; et c'est ici l'occasion de rappeler, en même temps que le Temple de Salomon qui se rattache plus directement à notre sujet, la triple enceinte dont nous avons parlé récemment comme représentant la hiérarchie initiatique de certains centres traditionnels[13], et aussi le mystérieux labyrinthe, qui, sous une forme plus complexe, se rattache à une conception similaire, avec cette différence que ce qui y est mis surtout en évidence est l'idée d'un « cheminement » vers le centre caché[14].

Nous devons maintenant ajouter que le symbolisme de la « Terre Sainte » a un double sens : qu'il soit rapporté au Centre suprême ou à un centre subordonné, il représente non seulement ce centre lui-même, mais aussi, par une association qui est d'ailleurs toute naturelle, la tradition qui en émane ou qui y est conservée, c'est-à dire, dans le premier cas, la Tradition primordiale, et, dans le second, une certaine forme traditionnelle particulière[15]. Ce double sens se retrouve pareillement, et d'une façon très nette, dans le symbolisme du « Saint Graal », qui est à la fois un vase (*grasalè*) et un livre (*gradale* ou *graduale*) ; ce dernier aspect désigne manifestement la tradition, tandis que l'autre concerne plus directement l'état correspondant à la possession effective de cette tradition, c'est-à-dire l'« état édénique » s'il s'agit de la Tradition primordiale ; et celui qui est parvenu à cet état est, par là même, réintégré dans le *Pardès*, de telle sorte qu'on peut dire que sa demeure est désormais dans le « Centre du Monde[16] ». Ce n'est pas sans motif que nous rapprochons ici ces deux symbolismes car leur étroite similitude montre que, lorsqu'on parle de la « chevalerie du Saint Graal » ou des « gardiens de la Terre Sainte », ce qu'on doit entendre par ces deux expressions est exactement la même chose ; il nous reste à expliquer, dans la mesure du possible, en quoi consiste proprement la fonction de ces « gardiens », fonction qui fut en particulier celle des Templiers[17].

Pour bien comprendre ce qu'il en est, il faut distinguer entre les détenteurs de la tradition, dont la fonction est de la conserver et de la transmettre, et ceux qui en reçoivent seulement, à un degré ou à un autre, une communication et, pourrions-nous dire, une participation. Les premiers, dépositaires et dispensateurs de la doctrine, se tiennent à la source, qui est proprement le centre même ; de là, la doctrine se communique et se répartit hiérarchiquement aux divers degrés initiatiques, suivant les courants représentés par les fleuves du *Pardès*, ou, si l'on veut reprendre la figuration que nous avons étudiée, par les canaux qui, allant de l'intérieur vers l'extérieur, relient entre elles les enceintes successives qui correspondent à ces divers degrés. Tous ceux qui participent à la tradition ne sont donc pas parvenus au même degré et ne remplissent pas la même fonction ; il faudrait même faire une distinction entre ces deux choses, qui, bien que se correspondant généralement d'une certaine façon, ne sont pourtant pas strictement solidaires, car il peut se faire qu'un homme soit intellectuellement qualifié pour atteindre les degrés les plus élevés, mais ne soit pas apte par là même à remplir toutes les fonctions dans l'organisation initiatique.

Ici, ce sont seulement les fonctions que nous avons à envisager ; et, à ce point de vue, nous dirons que les « gardiens » se tiennent à la limite du centre spirituel, pris dans son sens le plus étendu, ou à la dernière enceinte, celle par laquelle ce centre est à la fois séparé du « monde extérieur » et mis en rapport avec celui-ci. Par conséquent, ces « gardiens » ont une double fonction : d'une part, ils sont proprement les défenseurs de la « Terre Sainte », en ce sens qu'ils en interdisent l'accès à ceux qui ne possèdent pas les qualifications requises pour y pénétrer, et ils constituent ce que nous avons appelé sa « couverture extérieure », c'est-à-dire qu'ils la cachent aux regards profanes ; d'autre part, ils assurent pourtant aussi certaines relations régulières avec le dehors, ainsi que nous l'expliquerons par la suite.

Il est évident que le rôle de défenseurs est, pour parler le langage de la tradition hindoue, une fonction de Kshatriya ; et précisément, toute initiation « chevaleresque » est essentiellement adaptée à la nature propre des hommes qui appartiennent à la caste guerrière, c'est-à-dire des Kshatriyas. De là viennent les caractères spéciaux de cette initiation, le symbolisme particulier dont elle fait usage, et notamment l'intervention d'un élément affectif, désigné très explicitement par le terme d'« Amour » ; nous nous sommes déjà suffisamment expliqué là-dessus pour n'avoir pas à nous y arrêter davantage[18]. Mais, dans le cas des Templiers, il y a quelque chose de plus à considérer : bien que leur initiation ait été essentiellement « chevaleresque », ainsi qu'il convenait à leur nature et à leur fonction, ils avaient un double caractère, à la fois militaire et religieux ; et il devait en être ainsi s'ils étaient, comme nous avons bien des raisons de le penser, parmi les « gardiens » du Centre suprême, où l'autorité spirituelle et le pouvoir temporel sont réunis dans leur principe commun, et qui communique la marque de cette réunion à tout ce qui lui est rattaché directement. Dans le monde occidental, où le spirituel prend la forme spécifiquement religieuse, les véritables « gardiens de la Terre Sainte », tant qu'ils y eurent une existence en quelque sorte « officielle », devaient être des chevaliers, mais des chevaliers qui fussent des moines en même temps ; et, effectivement, c'est bien là ce que furent les Templiers.

Ceci nous amène directement à parler du second rôle des « gardiens » du Centre suprême, rôle qui consiste, disions-nous tout à l'heure, à assurer certaines relations extérieures, et surtout, ajouterons-nous, à maintenir le lien entre la Tradition primordiale et les traditions secondaires et dérivées. Pour qu'il puisse en être ainsi, il faut qu'il y ait, pour chaque forme traditionnelle, une ou plusieurs organisations constituées dans cette forme même, selon toutes les apparences, mais composées d'hommes ayant la conscience de ce qui est au-delà de toutes les formes, c'est-à-dire de la doctrine unique qui est la source et l'essence de toutes les autres, et qui n'est pas autre chose que la Tradition primordiale. Dans un monde de tradition judéo-chrétienne, une telle organisation devait assez naturellement prendre pour symbole le Temple de Salomon ; celui-ci, d'ailleurs, ayant depuis longtemps cessé d'exister matériellement, ne pouvait avoir alors qu'une signification tout idéale, comme étant une image du Centre suprême, ainsi que l'est tout centre spirituel subordonné ; et l'étymologie même du nom de Jérusalem indique assez clairement qu'elle n'est qu'une image visible de la mystérieuse *Salem* de Melchissédec. Si tel fut le caractère des Templiers, ils devaient, pour remplir le rôle qui leur était assigné et qui concernait une certaine tradition déterminée, celle de l'Occident, demeurer attachés extérieurement à la forme de cette tradition ; mais, en même temps, la conscience intérieure de la véritable unité doctrinale devait les rendre capables de communiquer avec les représentants des autres traditions[19] : c'est ce qui explique leurs relations avec certaines organisations orientales, et surtout, comme il est naturel, avec celles qui jouaient par ailleurs un rôle similaire au leur.

D'autre part, on peut comprendre, dans ces conditions, que la destruction de l'Ordre du Temple ait entraîné pour l'Occident la rupture des relations régulières avec le « Centre du Monde » ; et c'est bien au XIVe siècle qu'il faut faire remonter la déviation qui devait inévitablement résulter de cette rupture, et qui est allée en s'accentuant graduellement jusqu'à notre époque. Ce n'est pas à dire pourtant que tout lien ait été ainsi brisé d'un seul coup ; pendant assez longtemps, des relations purent être maintenues dans une certaine mesure, mais seulement d'une façon cachée, par l'intermédiaire d'organisations comme celle de la *Fede Santa* ou des « Fidèles d'Amour », comme la « Massenie du Saint Graal », et sans doute bien d'autres encore, toutes héritières de l'esprit de l'Ordre du Temple, et pour la plupart rattachées à lui par une filiation plus ou moins directe. Ceux qui conservèrent cet esprit vivant et qui inspirèrent ces organisations, sans jamais se constituer eux-mêmes en aucun groupement défini, ce furent ceux qu'on appela, d'un nom essentiellement symbolique, les Rose-Croix ; mais un jour vint où ces Rose-Croix eux-mêmes durent quitter l'Occident, dont les conditions étaient devenues telles que leur action ne pouvait plus s'y exercer, et, dit-on, ils se retirèrent alors en Asie, résorbés en quelque sorte vers le Centre suprême dont ils étaient comme une émanation. Pour le monde occidental, il n'y a plus de « Terre Sainte » à garder, puisque le chemin qui y conduit est entièrement perdu désormais ; combien de temps cette situation durera-t-elle encore, et faut-il même espérer que la communication pourra être rétablie tôt ou tard ? C'est là une question à laquelle il ne nous appartient pas d'apporter une réponse ; outre que nous ne voulons risquer aucune prédiction, la solution ne dépend que de l'Occident lui-même, car c'est en revenant à des conditions normales et en retrouvant l'esprit de sa propre tradition, s'il en a encore en lui la possibilité, qu'il pourra voir s'ouvrir de nouveau la voie qui mène au « Centre du Monde ».

CHAPITRE IV

LE LANGAGE SECRET DE DANTE ET DES « FIDÈLES D'AMOUR »

I

Sous ce titre : *Il Linguaggio segreto di Dante e dei « Fedeli d'Amore*[1] », M. Luigi Valli, à qui on devait déjà plusieurs études sur la signification de l'œuvre de Dante, a publié un nouvel ouvrage qui est trop important pour que nous nous contentions de le signaler par une simple note bibliographique. La thèse qui y est soutenue peut se résumer brièvement en ceci : les diverses « dames » célébrées par les poètes se rattachant à la mystérieuse organisation des « Fidèles d'Amour », depuis Dante, Guido Cavalcanti et leurs contemporains jusqu'à Boccace et à Pétrarque, ne sont point des femmes ayant vécu réellement sur cette terre ; elles ne sont toutes, sous différents noms, qu'une seule et même « Dame » symbolique, qui représente l'Intelligence transcendante (*Madonna Intelligenza* de Dino Compagni) ou la Sagesse divine. À l'appui de cette thèse, l'auteur apporte une documentation formidable et un ensemble d'arguments bien propres à impressionner les plus sceptiques : il montre notamment que les poésies les plus inintelligibles au sens littéral deviennent parfaitement claires avec l'hypothèse d'un « jargon » ou langage conventionnel dont il est arrivé à traduire les principaux termes ; et il rappelle d'autres cas, notamment celui des Soufis persans, où un sens similaire a été également dissimulé sous les apparences d'une simple poésie d'amour. Il est impossible de résumer toute cette argumentation, basée sur des textes précis qui en font toute la valeur ; nous ne pouvons qu'engager ceux que la question intéresse à se reporter au livre lui-même.

À vrai dire, ce dont il s'agit nous avait toujours paru, quant à nous, un fait évident et incontestable ; mais il faut croire cependant que cette thèse a besoin d'être solidement établie. En effet, M. Valli prévoit que ses conclusions seront combattues par plusieurs catégories d'adversaires : d'abord, la critique soi-disant « positive » (qu'il a tort de qualifier de « traditionnelle », alors qu'elle est au contraire opposée à l'esprit traditionnel, auquel se rattache toute interprétation initiatique) ; ensuite, l'esprit de parti, soit catholique, soit anticatholique, qui n'y trouvera point sa satisfaction ; enfin, la critique « esthétique » et la « rhétorique romantique », qui, au fond, ne sont pas autre chose que ce qu'on pourrait appeler l'esprit « littéraire ». Il y a là tout un ensemble de préjugés qui seront toujours forcément opposés à la recherche du sens profond de certaines œuvres ; mais, en présence de travaux de ce genre, les gens de bonne foi et dégagés de tout parti pris pourront voir très facilement de quel côté est la vérité. Nous n'aurions, en ce qui nous concerne, d'objections à faire que sur certaines interprétations qui n'affectent nullement la thèse générale ; l'auteur, du reste, n'a pas eu la prétention d'apporter une solution définitive à toutes les questions qu'il soulève, et il est le premier à reconnaître que son travail aura besoin d'être corrigé ou complété sur bien des points de détail.

Le principal défaut de M. Valli, celui dont procèdent presque toutes les insuffisances que nous remarquons dans son ouvrage, c'est, disons-le tout de suite très nettement, de n'avoir pas la mentalité « initiatique » qui convient pour traiter à fond un tel sujet. Son point de vue est trop exclusivement celui d'un historien : il ne suffit pas de « faire de l'histoire » (p. 421) pour résoudre certains problèmes ; et d'ailleurs nous pouvons nous demander si ce n'est pas là, en un sens, interpréter les idées médiévales avec la mentalité moderne, comme l'auteur le reproche très justement aux critiques officiels ; les hommes du moyen âge ont-ils jamais « fait de l'histoire pour l'histoire » ? Il faut, pour ces choses, une compréhension d'un ordre plus profond ; si l'on n'y apporte qu'un esprit et des intentions « profanes », on ne pourra guère qu'accumuler des matériaux qu'il restera toujours à mettre en œuvre avec un tout autre esprit ; et nous ne voyons pas très bien de quel intérêt serait une recherche historique s'il ne devait pas en sortir quelque vérité doctrinale.

Il est vraiment regrettable que l'auteur manque de certaines données traditionnelles, d'une connaissance directe et pour ainsi dire « technique » des choses dont il traite. C'est ce qui l'a empêché notamment de reconnaître la portée proprement initiatique de notre étude sur *L'Ésotérisme de Dante* (p. 19) ; c'est ainsi qu'il n'a pas compris que peu importait, au point de vue où nous nous plaçons, que telles « découvertes » soient dues à Rossetti, à Aroux ou à tout autre, parce que nous ne les citons que comme « point d'appui » pour des considérations d'un ordre bien différent ; il s'agissait pour nous de doctrine initiatique, non d'histoire littéraire. À propos de Rossetti, nous trouvons assez étrange l'assertion d'après laquelle il aurait été « Rose-Croix » (p. 16), les vrais Rose-Croix, qui d'ailleurs n'étaient nullement de « descendance gnostique » (p. 422), ayant disparu du monde occidental bien avant l'époque où il vécut ; même s'il fut rattaché à quelque organisation pseudo-rosicrucienne comme il y en a tant, celle-ci, très certainement, n'avait en tout cas aucune tradition authentique à lui communiquer ; du reste, sa première idée de ne voir partout qu'un sens purement politique va aussi nettement que possible à l'encontre d'une pareille hypothèse. M. Valli n'a du Rosicrucianisme qu'une idée bien superficielle et même tout à fait « simpliste », et il ne semble pas soupçonner le symbolisme de la croix (p. 393), pas plus qu'il ne paraît avoir bien compris la signification traditionnelle du cœur (p. 153-154), se rapportant à l'intellect et non au sentiment. Disons, sur ce dernier point, que le *cuore gentile* des « Fidèles d'Amour » est le cœur purifié, c'est-à-dire vide de tout ce qui concerne les objets extérieurs, et par là même rendu apte à recevoir l'illumination intérieure ; ce qui est remarquable, c'est qu'on trouve une doctrine identique dans le Taoïsme.

Signalons encore d'autres points que nous avons relevés au cours de notre lecture : il y a, par exemple, quelques références assez fâcheuses et qui déparent un ouvrage sérieux. C'est ainsi qu'on aurait pu trouver facilement de meilleures autorités à citer que Mead pour le gnosticisme (p. 87), Marc Saunier pour le symbolisme des nombres (p. 312), et surtout… Léo Taxil pour la Maçonnerie (p. 272) ! Ce dernier est d'ailleurs mentionné pour un point tout à fait élémentaire, les âges symboliques des différents grades, qu'on peut trouver n'importe où. Au même endroit, l'auteur cite aussi, d'après Rossetti, le *Recueil précieux de la Maçonnerie Adonhiramite* ; mais la référence est indiquée d'une façon tout à fait inintelligible, et qui montre bien qu'il ne connaît pas par lui-même le livre dont il s'agit. Du reste, il y aurait de fortes réserves à faire sur tout ce que M. Valli dit de la Maçonnerie, qu'il qualifie bizarrement de « *modernissima* » (p. 80 et 430) ; une organisation peut avoir « perdu l'esprit » (ou ce qu'on appelle en arabe la *barakah*), par intrusion de la politique ou autrement, et garder néanmoins son symbolisme intact, tout en ne le comprenant plus. Mais M. Valli lui-même ne semble pas saisir très bien le vrai rôle du symbolisme, ni avoir un sens très net de la filiation traditionnelle ; en parlant de différents « courants » (p. 80-81), il mélange l'ésotérique et l'exotérique, et il prend pour sources d'inspiration des « Fidèles d'Amour » ce qui ne représente que des infiltrations antérieures, dans le monde profane, d'une tradition initiatique dont ces « Fidèles d'Amour » procédaient eux-mêmes directement. Les influences descendent du monde initiatique au monde profane, mais l'inverse ne se peut pas, car un fleuve ne remonte jamais vers sa source ; cette source, c'est la « fontaine d'enseignement » dont il est si souvent question dans les poèmes étudiés ici, et qui est généralement décrite comme située au pied d'un arbre, lequel, évidemment, n'est autre que l'« Arbre de Vie[2] » ; le symbolisme du « Paradis terrestre » et de la « Jérusalem céleste » doit trouver ici son application.

Il y a aussi des inexactitudes de langage qui ne sont pas moins regrettables : ainsi, l'auteur qualifie d'« humaines » (p. 411) des choses qui, au contraire, sont essentiellement « supra-humaines », comme l'est d'ailleurs tout ce qui est d'ordre véritablement traditionnel et initiatique. De même, il commet l'erreur d'appeler « adeptes » les initiés d'un grade quelconque[3], alors que cette appellation doit être réservée rigoureusement au grade suprême ; l'abus de ce mot est particulièrement intéressant à noter parce qu'il constitue en quelque sorte une « marque » : il y a un certain nombre de méprises que les « profanes » manquent rarement de commettre, et celle-là en est une. Il faut relever encore, à cet égard, l'emploi continuel de mots comme « secte » et

« sectaire », qui, pour désigner une organisation initiatique (et non religieuse) et ce qui s'y rapporte, sont tout à fait impropres et vraiment déplaisants[4] ; et ceci nous amène directement au plus grave défaut que nous ayons à constater dans l'ouvrage de M. Valli.

Ce défaut, c'est la confusion constante des points de vue « initiatique » et « mystique », et l'assimilation des choses dont il s'agit à une doctrine « religieuse », alors que l'ésotérisme, même s'il prend sa base dans des formes religieuses (comme c'est le cas pour les Soufis et pour les « Fidèles d'Amour »), appartient en réalité à un ordre tout différent. Une tradition vraiment initiatique ne peut pas être « hétérodoxe » ; la qualifier ainsi (p. 393), c'est renverser le rapport normal et hiérarchique entre l'intérieur et l'extérieur. L'ésotérisme n'est pas contraire à l'« orthodoxie » (p. 104), même entendue simplement au sens religieux ; il est au-dessus ou au-delà du point de vue religieux, ce qui, évidemment, n'est pas du tout la même chose ; et, en fait, l'accusation injustifiée d'« hérésie » ne fut souvent qu'un moyen commode pour se débarrasser de gens qui pouvaient être gênants pour de tout autres motifs. Rossetti et Aroux n'ont pas eu tort de penser que les expressions théologiques, chez Dante, recouvraient quelque chose d'autre, mais seulement de croire qu'il fallait les interpréter « à rebours » (p. 389) ; l'ésotérisme se superpose à l'exotérisme, mais ne s'y oppose pas, parce qu'il n'est pas sur le même plan, et il donne aux mêmes vérités, par transposition dans un ordre supérieur, un sens plus profond. Assurément, il se trouve qu'*Amor* est le renversement de *Roma*[5] ; mais il ne faut pas en conclure, comme on a voulu le faire parfois, que ce qu'il désigne est l'antithèse de *Roma*, mais bien que c'est ce dont *Roma* n'est qu'un reflet ou une image visible, nécessairement inversée comme l'est l'image d'un objet dans un miroir (et c'est ici l'occasion de rappeler le « *per speculum in ænigmate* » de saint

Paul). Ajoutons, en ce qui concerne Rossetti et Aroux, et quelques réserves qu'il convienne de faire sur certaines de leurs interprétations, qu'on ne peut dire, sans risquer de retomber dans les préjugés de la critique « positive », qu'une méthode est « inacceptable parce qu'incontrôlable » (p. 389) ; il faudrait alors rejeter tout ce qui est obtenu par connaissance directe, et notamment par communication régulière d'un enseignement traditionnel, qui est en effet incontrôlable… pour les profanes[6] !

La confusion de M. Valli entre ésotérisme et « hétérodoxie » est d'autant plus étonnante qu'il a tout au moins compris, beaucoup mieux que ses prédécesseurs, que la doctrine des « Fidèles d'Amour » n'était nullement « anticatholique » (elle était même, comme celle des Rose-Croix, rigoureusement « catholique » au vrai sens de ce mot), et qu'elle n'avait rien de commun avec les courants profanes dont devait sortir la Réforme (p. 79-80 et 409). Seulement, où a-t-il vu que l'Église ait fait connaître au vulgaire le sens profond des « mystères » ? (p. 101). Elle l'enseigne au contraire si peu qu'on a pu douter qu'elle-même en ait gardé la conscience ; et c'est précisément dans cette « perte de l'esprit » que consisterait la « corruption » dénoncée déjà par Dante et ses associés[7]. La plus élémentaire prudence leur commandait d'ailleurs, quand ils parlaient de cette « corruption », de ne pas le faire en langage clair ; mais il ne faudrait pas conclure de là que l'usage d'une terminologie symbolique n'a d'autre raison d'être que la volonté de dissimuler le vrai sens d'une doctrine ; il y a des choses qui, par leur nature même, ne peuvent pas être exprimées autrement que sous cette forme, et ce côté de la question, qui est de beaucoup le plus important, ne semble guère avoir été envisagé par l'auteur. Il y a même encore un troisième aspect, intermédiaire en quelque sorte, où il s'agit bien de prudence, mais dans l'intérêt de la doctrine elle-même et non plus de ceux qui l'exposent, et cet aspect est celui auquel se rapporte plus particulièrement le symbole du vin chez les Soufis (dont l'enseignement, disons-le en passant, ne peut être qualifié de « panthéiste » que par une erreur tout occidentale) ; l'allusion qui est faite à ce symbole (p. 72 et 104) n'indique pas nettement que « vin » signifie « mystère », doctrine secrète ou réservée, parce que, en hébreu, *iaïn* et *sôd* sont numériquement équivalents ; et, pour l'ésotérisme musulman, le vin est la « boisson de l'élite », dont les hommes vulgaires ne peuvent pas user impunément[8].

Mais venons-en à la confusion des points de vue « mystique » et « initiatique » : elle est solidaire de la précédente, car c'est la fausse assimilation des doctrines ésotériques au mysticisme, lequel relève du domaine religieux, qui amène à les mettre sur le même plan que l'exotérisme et à vouloir les opposer à celui-ci. Nous voyons fort bien ce qui, dans le cas présent, a pu causer cette erreur : c'est qu'une tradition « chevaleresque » (p. 146), pour s'adapter à la nature propre des hommes à qui elle s'adresse spécialement, comporte toujours la prépondérance d'un principe représenté comme féminin (*Madonna*[9]), ainsi que l'intervention d'un élément affectif (*Amore*). Le rapprochement d'une telle forme traditionnelle avec celle que représentent les Soufis persans est tout à fait juste ; mais il faudrait ajouter que ces deux cas sont loin d'être les seuls où se rencontre le culte de la « *donna-Divinità* », c'est-à-dire de l'aspect féminin de la Divinité : on le trouve dans l'Inde aussi, où cet aspect est désigné comme la *Shakti*, équivalente à certains égards à la *Shekinah* hébraïque ; et il est à remarquer que le culte de la *Shakti* concerne surtout les Kshatriyas. Une tradition « chevaleresque », précisément, n'est pas autre chose qu'une forme traditionnelle à l'usage des Kshatriyas, et c'est pourquoi elle ne peut pas constituer une voie purement intellectuelle comme l'est celle des Brâhmanes ; celle-ci est la

« voie sèche » des alchimistes, tandis que l'autre est la « voie humide »[10], l'eau symbolisant le féminin comme le feu le masculin, et la première correspondant à l'émotivité et le second à l'intellectualité qui prédominent respectivement dans la nature des Kshatriyas et dans celle des Brâhmanes. C'est pourquoi une telle tradition peut sembler mystique extérieurement, même quand elle est initiatique en réalité, si bien qu'on pourrait même penser que le mysticisme, au sens ordinaire du mot, en est comme un vestige ou une « survivance » demeurant, dans une civilisation telle que celle de l'Occident, après que toute organisation traditionnelle régulière a disparu.

Le rôle du principe féminin dans certaines formes traditionnelles se remarque même dans l'exotérisme catholique, par l'importance donnée au culte de la Vierge. M. Valli semble s'étonner de voir la *Rosa Mystica* figurer dans les litanies de la Vierge (p. 393) ; il y a pourtant, dans ces mêmes litanies, bien d'autres symboles proprement initiatiques, et ce dont il ne paraît pas se douter, c'est que leur application est parfaitement justifiée par les rapports de la Vierge avec la Sagesse et avec la *Shekinah*[11]. Notons aussi, à ce propos, que saint Bernard, dont on connaît la connexion avec les Templiers, apparaît comme un « chevalier de la Vierge », qu'il appelait « sa dame » ; on lui attribue même l'origine du vocable « Notre-Dame » : c'est aussi *Madonna*, et, sous un de ses aspects, elle s'identifie à la Sagesse, donc à la *Madonna* même des « Fidèles d'Amour » ; voilà encore un rapprochement que l'auteur n'a pas soupçonné, pas plus qu'il ne paraît soupçonner les raisons pour lesquelles le mois de mai est consacré à la Vierge.

Il est une chose qui aurait dû amener M. Valli à penser que les doctrines en question n'étaient point du « mysticisme » : c'est qu'il constate lui-même l'importance presque exclusive qui y est attachée à la « connaissance » (p. 421-422), ce qui diffère totalement du point de vue mystique. Il se méprend d'ailleurs sur les conséquences qu'il convient d'en tirer : cette importance n'est pas un caractère spécial au « gnosticisme », mais un caractère général de tout enseignement initiatique, quelque forme qu'il ait prise ; la connaissance est toujours le but unique, et tout le reste n'est que moyens divers pour y parvenir. Il faut bien prendre garde de ne pas confondre « Gnose », qui signifie « connaissance », et « gnosticisme », bien que le second tire évidemment son nom de la première ; d'ailleurs, cette dénomination de « gnosticisme » est assez vague et paraît, en fait, avoir été appliquée indistinctement à des choses fort différentes[12].

Il ne faut pas se laisser arrêter par les formes extérieures, quelles qu'elles puissent être ; les « Fidèles d'Amour » savaient aller au-delà de ces formes, et en voici une preuve : dans une des premières nouvelles du *Décaméron* de Boccace, Melchissédec affirme que, entre le Judaïsme, le Christianisme et l'Islamisme, « personne ne sait quelle est la vraie foi ». M. Valli a vu juste en interprétant cette affirmation en ce sens que « la vraie foi est cachée sous les aspects extérieurs des diverses croyances » (p. 433) ; mais ce qui est le plus remarquable, et cela il ne l'a pas vu, c'est que ces paroles soient mises dans la bouche de Melchissédec, qui est précisément le représentant de la tradition unique cachée sous toutes ces formes extérieures ; et il y a là quelque chose qui montre bien que certains, en Occident, savaient encore à cette époque ce qu'est le véritable « centre du monde ». Quoi qu'il en soit, l'emploi d'un langage « affectif », comme l'est souvent celui des « Fidèles d'Amour », est aussi une forme extérieure par laquelle on ne doit pas être illusionné ; il peut fort bien recouvrir quelque chose de bien autrement profond, et, en particulier, le mot « Amour » peut, en vertu de la transposition analogique, signifier tout autre chose que le sentiment qu'il désigne d'ordinaire. Ce sens profond de l'« Amour », en connexion avec les doctrines des Ordres de chevalerie, pourrait résulter notamment du rapprochement des indications suivantes : d'abord, la parole de saint Jean, « Dieu est Amour » ; ensuite, le cri de guerre des Templiers, « Vive Dieu Saint Amour » ; enfin, le dernier vers de *La Divine Comédie*, « *L'Amor che muove il Sole e l'altre stelle*[13] ». Un autre point intéressant, à cet égard, c'est le rapport établi entre l'« Amour » et la « Mort » dans le symbolisme des « Fidèles d'Amour » ; ce rapport est double, parce que le mot « Mort » lui-même a un double sens. D'une part, il y a un rapprochement et comme une association de l'« Amour » et de la « Mort » (p. 159), celle-ci devant alors être entendue comme la « mort initiatique », et ce rapprochement semble s'être continué dans le courant d'où sont sorties, à la fin du moyen âge, les figurations de la « danse macabre[14] » ; d'autre part, il y a aussi une antithèse établie à un autre point de vue entre l'« Amour » et la « Mort » (p. 166), antithèse qui peut s'expliquer en partie par la constitution même des deux mots : la racine *mor* leur est commune, et, dans *a-mor*, elle est précédée d'*a* privatif, comme dans le sanscrit *a-mara, a-mrita*, de sorte qu'« Amour » peut s'interpréter ainsi comme une sorte d'équivalent hiéroglyphique d'« immortalité ». Les « morts » peuvent en ce sens, d'une façon générale, être regardés comme désignant les profanes, tandis que les « vivants », ou ceux qui ont atteint l'« immortalité », sont les initiés ; c'est ici le lieu de rappeler l'expression de « Terre des Vivants », synonyme de « Terre Sainte » ou « Terre des Saints », « Terre Pure », etc. ; et l'opposition que nous venons d'indiquer équivaut sous ce rapport à celle de l'Enfer, qui est le monde profane, et des Cieux, qui sont les degrés de la hiérarchie initiatique.

Quant à la « vraie foi » dont il a été parlé tout à l'heure, c'est elle qui est désignée comme la *Fede Santa*, expression qui, comme le mot *Amore*, s'applique en même temps à l'organisation initiatique elle-même. Cette *Fede Santa*, dont Dante était *Kadosch*, c'est la foi des *Fedeli d'Amore* ; et c'est aussi la *Fede dei Santi*, c'est-à-dire l'*Emounah* des *Kadosch*, ainsi que nous l'avons expliqué dans *L'Ésotérisme de Dante*. Cette désignation des initiés comme les « Saints », dont *Kadosch* est l'équivalent hébraïque, se comprend parfaitement par la signification des « Cieux » telle que nous venons de l'indiquer, puisque les Cieux sont en effet décrits comme la demeure des Saints ; elle doit être rapprochée de beaucoup d'autres dénominations analogues, comme celles de Purs, Parfaits, Cathares, Soufis, Ikhwan-es-Safa, etc., qui toutes ont été prises dans le même sens ; et elle permet de comprendre ce qu'est véritablement la « Terre Sainte »[15].

Ceci nous amène à signaler un autre point, auquel M. Valli ne fait qu'une trop brève allusion (p. 323-324) : c'est la signification secrète des pèlerinages, se rapportant aux pérégrinations des initiés, dont les itinéraires, d'ailleurs, coïncidaient en effet le plus souvent avec ceux des pèlerins ordinaires, avec qui ils se confondaient ainsi en apparence, ce qui leur permettait de mieux dissimuler les vraies raisons de ces voyages. Du reste, la situation même des lieux de pèlerinage, comme celle des sanctuaires de l'antiquité, a une valeur ésotérique dont il y a lieu de tenir compte à cet égard[16] ; ceci est en relation directe avec ce que nous avons appelé la « géographie sacrée », et doit d'autre part être rapproché de ce que nous écrivions à propos des Compagnons et des Bohémiens[17] ; peut-être reviendrons-nous là-dessus en une autre occasion.

La question de la « Terre Sainte » pourrait aussi donner la clef des rapports de Dante et des « Fidèles d'Amour » avec les Templiers ; c'est là encore un sujet qui n'est que très incomplètement traité dans le livre de M. Valli. Celui-ci considère bien ces rapports avec les Templiers (p. 423-426), ainsi qu'avec les alchimistes (p. 428), comme d'une incontestable réalité, et il indique quelques rapprochements intéressants, comme, par exemple, celui des neuf années de probation des Templiers avec l'âge symbolique de neuf ans dans la *Vita Nuova* (p. 274) ; mais il y aurait eu bien d'autres choses à dire. Ainsi, à propos de la résidence centrale des Templiers fixée à Chypre (p. 261 et 425), il serait curieux d'étudier la signification du nom de cette île, ses rapports avec Vénus et le « troisième ciel », le symbolisme du cuivre qui en a tiré son nom, toutes choses que nous ne pouvons, pour le moment, que signaler sans nous y arrêter.

De même, à propos de l'obligation imposée aux « Fidèles d'Amour » d'employer dans leurs écrits la forme poétique (p. 155), il y aurait lieu de se demander pourquoi la poésie était appelée par les anciens la « langue des Dieux », pourquoi *vates* en latin était à la fois le poète et le devin ou le prophète (les oracles étaient d'ailleurs rendus en vers), pourquoi les vers étaient appelés *carmina* (charmes, incantations, mot identique au sanscrit *karma* entendu au sens technique d'« acte rituel[18] »), et aussi pourquoi il est dit de Salomon et d'autres sages, notamment dans la tradition musulmane, qu'ils comprenaient la « langue des oiseaux », ce qui, si étrange que cela puisse sembler, n'est qu'un autre nom de la « langue des Dieux[19] ».

Avant de terminer ces remarques, il nous faut encore dire quelques mots de l'interprétation de *La Divine Comédie* que M. Valli a développée dans d'autres ouvrages et qu'il résume simplement dans celui-ci : les symétries de la Croix et de l'Aigle (p. 382-384), sur lesquelles elle est basée entièrement, rendent certainement compte d'une partie du sens du poème (d'ailleurs conforme à la conclusion du *De Monarchia*[20]) ; mais il y a dans celui-ci bien d'autres choses qui ne peuvent trouver par là leur explication complète, ne serait-ce que l'emploi des nombres symboliques ; l'auteur semble y voir à tort une clef unique, suffisante pour résoudre toutes les difficultés. D'autre part, l'usage de ces « connexions structurales » (p. 388) lui paraît être personnel à Dante, alors qu'il y a au contraire dans cette « architecture » symbolique quelque chose d'essentiellement traditionnel, qui, pour ne pas avoir fait partie peut-être des modes d'expression habituels aux « Fidèles d'Amour » proprement dits, n'en existait pas moins dans des organisations plus ou moins étroitement apparentées à la leur, et se reliait à l'art même des constructeurs[21] ; il semble pourtant y avoir une intuition de ces rapports dans l'indication de l'aide que pourrait apporter aux recherches dont il s'agit « l'étude du symbolisme dans les arts figuratifs » (p. 406). Il faudrait d'ailleurs, là comme pour tout le reste, laisser de côté toute préoccupation « esthétique » (p. 389), et on pourrait alors découvrir bien d'autres points de comparaison, parfois fort inattendus[22].

Si nous nous sommes étendu si longuement sur le livre de M. Valli, c'est qu'il est de ceux qui méritent vraiment de retenir l'attention, et, si nous en avons surtout signalé les lacunes, c'est que nous pouvions ainsi indiquer, pour lui-même ou pour d'autres, de nouvelles voies de recherches, susceptibles de compléter heureusement les résultats déjà acquis. Il semble que le temps soit venu où le vrai sens de l'œuvre de Dante se découvrira enfin ; si les interprétations de Rossetti et d'Aroux ne furent pas prises au sérieux à leur époque, ce n'est peut-être pas parce que les esprits y étaient moins bien préparés qu'aujourd'hui, mais plutôt parce qu'il était prévu que le secret devait être gardé pendant six siècles (le *Naros* chaldéen) ; M. Valli parle souvent de ces six siècles pendant lesquels Dante n'a pas été compris, mais évidemment sans y voir aucune signification particulière, et cela prouve encore la nécessité, pour les études de ce genre, d'une connaissance des « lois cycliques », si complètement oubliées de l'Occident moderne.

CHAPITRE V

LE LANGAGE SECRET DE DANTE ET DES « FIDÈLES D'AMOUR »

II

Nous avons consacré le précédent chapitre à l'important ouvrage publié en 1928, sous ce titre, par M. Luigi Valli ; en 1931 nous apprîmes la mort soudaine et prématurée de l'auteur dont nous espérions d'autres études non moins dignes d'intérêt ; puis nous parvint un second volume portant le même titre que le premier, et contenant, avec les réponses aux objections qui avaient été faites à la thèse soutenue dans celui-ci, un certain nombre de notes complémentaires[1].

Les objections, qui témoignent d'une incompréhension dont nous n'avons pas lieu d'être surpris, peuvent, comme il était d'ailleurs facile de le prévoir, se ramener presque toutes à deux catégories : les unes émanent de « critiques littéraires » imbus de tous les préjugés scolaires et universitaires, les autres de milieux catholiques où l'on ne veut pas admettre que Dante ait appartenu à une organisation initiatique ; toutes s'accordent en somme, quoique pour des raisons différentes, à nier l'existence de l'ésotérisme là même où il apparaît avec la plus éclatante évidence. L'auteur semble attacher une plus grande importance aux premières, qu'il discute beaucoup plus longuement que les secondes ; nous aurions été tenté, pour notre part, de faire exactement le contraire, voyant dans ces dernières un symptôme bien plus grave encore de la déformation de la mentalité moderne ; mais cette différence de perspective s'explique par le point de vue spécial auquel M. Valli a voulu se placer, et qui est uniquement celui d'un « chercheur » et d'un historien. De ce point de vue trop extérieur résultent un certain nombre de lacunes et d'inexactitudes de langage que nous avons déjà signalées dans le chapitre précédent ; M. Valli reconnaît, précisément à propos de celui-ci, qu'« il n'a jamais eu de contact avec des traditions initiatiques d'aucun genre », et que « sa formation mentale est nettement critique » ; il n'en est que plus remarquable qu'il soit arrivé à des conclusions aussi éloignées de celles de la « critique » ordinaire, et qui sont même assez étonnantes de la part de quelqu'un qui affirme sa volonté d'être « un homme du XXe siècle ». Il n'en est pas moins regrettable qu'il se refuse de parti pris à comprendre la notion de l'orthodoxie traditionnelle, qu'il persiste à appliquer le terme déplaisant de « sectes » à des organisations de caractère initiatique et non religieux, et qu'il nie avoir commis une confusion entre « mystique » et « initiatique », alors que précisément il la répète encore tout au long de ce second volume ; mais ces défauts ne doivent point nous empêcher de reconnaître le grand mérite qu'il y a, pour le « profane » qu'il veut être et demeurer, à avoir aperçu une bonne partie de la vérité en dépit de tous les obstacles que son éducation devait naturellement y apporter, et à l'avoir dite sans crainte des contradictions qu'il devait s'attirer de la part de tous ceux qui ont quelque intérêt à ce qu'elle reste ignorée.

Nous noterons seulement deux ou trois exemples typiques de l'incompréhension des « critiques » universitaires : certains ont été jusqu'à prétendre qu'une poésie qui est belle ne peut être symbolique ; il leur paraît qu'une œuvre d'art ne peut être admirée que si elle ne signifie rien, et que l'existence d'un sens profond en détruit la valeur artistique ! C'est bien là, exprimée aussi nettement que possible, cette conception « profane » que nous avons signalée dernièrement en plusieurs occasions, à propos de l'art en général et de la poésie en particulier, comme une dégénérescence toute moderne et comme contraire au caractère que les arts aussi bien que les sciences avaient à l'origine et qu'ils ont toujours eu dans toute civilisation traditionnelle. Notons à ce propos une formule assez intéressante citée par M. Valli : dans tout l'art médiéval, par opposition à l'art moderne, « il s'agit de l'incarnation d'une idée, non de l'idéalisation d'une réalité » ; nous dirions d'une réalité d'ordre sensible, car l'idée est aussi une réalité, et même d'un degré supérieur ; cette « incarnation de l'idée » dans une forme, ce n'est pas autre chose que le symbolisme même.

D'autres ont émis une objection vraiment comique : il serait « vil », prétendent-ils, d'écrire en « jargon », c'est-à-dire en langage conventionnel ; ils ne voient évidemment là qu'une sorte de lâcheté et de dissimulation. À vrai dire, peut-être M. Valli lui-même a-t-il insisté trop exclusivement, comme nous l'avions déjà noté, sur la volonté qu'avaient les « Fidèles d'Amour » de se cacher pour des motifs de prudence ; il n'est pas contestable que cela ait existé en effet, et c'était une nécessité qui leur était imposée par les circonstances ; mais ce n'est là que la moindre et la plus extérieure des raisons qui justifient l'emploi qu'ils ont fait d'un langage qui n'était pas seulement conventionnel, mais aussi et même avant tout symbolique. On trouverait des exemples analogues dans de tout autres circonstances, où il n'y aurait eu aucun danger à parler clairement si la chose avait été possible ; on peut dire que, même alors, il y avait avantage à écarter ceux qui n'étaient pas « qualifiés », ce qui relève déjà d'une autre préoccupation que la simple prudence ; mais ce qu'il faut dire surtout, c'est que les vérités d'un certain ordre, par leur nature même, ne peuvent s'exprimer que symboliquement.

Enfin, il en est qui ont trouvé invraisemblable l'existence de la poésie symbolique chez les « Fidèles d'Amour », parce qu'elle constituerait un « cas unique », alors que M. Valli s'était attaché à montrer que, précisément à la même époque, la même chose existait aussi en Orient, et notamment dans la poésie persane. On pourrait même ajouter que ce symbolisme de l'amour a parfois été employé également dans l'Inde ; et, pour s'en tenir au monde musulman, il est assez singulier qu'on parle toujours presque uniquement à cet égard de la poésie persane, alors qu'on peut facilement trouver des exemples similaires dans la poésie arabe, d'un caractère non moins ésotérique, par exemple chez Omar ibn El-Fârid. Ajoutons que bien d'autres « voiles » ont été employés également dans les expressions poétiques du Soufisme, y compris celui du scepticisme, dont on peut citer comme exemples Omar El-Khayyam et Abul-Alâ El-Maarri ; pour ce dernier surtout, bien peu nombreux sont ceux qui savent qu'il était en réalité un initié de haut rang ; et, fait que nous n'avons vu signalé nulle part jusqu'ici, il y a ceci de particulièrement curieux, pour le sujet qui nous occupe présentement, que sa *Risâlatul-Ghufrân* pourrait être regardée comme une des principales « sources » islamiques de la *Divine Comédie*.

Quant à l'obligation imposée à tous les membres d'une organisation initiatique d'écrire en vers, elle s'accordait parfaitement avec le caractère de « langue sacrée » qu'avait la poésie ; comme le dit très justement M. Valli, il s'agissait de tout autre chose que de « faire de la littérature », but qui n'a jamais été celui de Dante et de ses contemporains, lesquels, ajoute-t-il ironiquement, « avaient le tort de n'avoir pas lu les livres de la critique moderne ». À une époque très récente encore, dans certaines confréries ésotériques musulmanes, chacun devait tous les ans, à l'occasion du *mûlid* du Sheikh, composer un poème dans lequel il s'efforçait, fût-ce au détriment de la perfection de la forme, d'enfermer un sens doctrinal plus ou moins profond.

Pour ce qui est des remarques nouvelles faites par M. Valli et qui ouvrent la voie à d'autres recherches, l'une d'elles concerne les rapports de Joachim de Flore avec les « Fidèles d'Amour » : *Fiore* est un des symboles les plus usités dans la poésie de ceux-ci, comme synonyme de *Rosa* ; et, sous ce titre de *Fiore*, une adaptation italienne du *Roman de la Rose* a été écrite par un Florentin nommé Durante, qui est presque certainement Dante lui-même[2]. D'autre part, la dénomination du couvent de *San Giovanni in Fiore*, d'où *Gioacchino di Fiore* prit son nom, n'apparaît nulle part avant lui ; est-ce lui-même qui la lui donna, et pourquoi choisit-il ce nom ? Chose remarquable, Joachim de Flore parle dans ses œuvres d'une « veuve » symbolique, tout comme Francesco da Barberino et Boccace, qui appartenaient l'un et l'autre aux « Fidèles d'Amour » ; et nous ajouterons que, de nos jours encore, cette « veuve » est bien connue dans le symbolisme maçonnique. À ce propos, il est fâcheux que des préoccupations politiques semblent avoir empêché M. Valli de faire certains rapprochements pourtant très frappants ; il a raison, sans doute, de dire que les organisations initiatiques dont il s'agit ne sont pas la Maçonnerie, mais, entre celle-ci et celles-là, le lien n'en est pas moins certain ; et n'est-il pas curieux, par exemple, que le « vent » ait, dans le langage des « Fidèles d'Amour », exactement le même sens que la « pluie » dans celui de la Maçonnerie ?

Un autre point important est celui qui concerne les rapports des « Fidèles d'Amour » avec les alchimistes : un symbole particulièrement significatif à cet égard se trouve dans les *Documenti d'Amore* de Francesco da Barberino. Il s'agit d'une figure dans laquelle douze personnages disposés symétriquement, et qui forment six couples représentant autant de degrés initiatiques, aboutissent à un personnage unique placé au centre ; ce dernier, qui porte dans ses mains la rose symbolique, a deux têtes, l'une masculine et l'autre féminine, et est manifestement identique au *Rebis* hermétique. La seule différence notable avec les figures qui se rencontrent dans les traités alchimiques est que, dans celles-ci, c'est le côté droit qui est masculin et le côté gauche féminin, tandis qu'ici nous trouvons la disposition inverse ; cette particularité semble avoir échappé à M. Valli, qui pourtant en donne lui-même l'explication, sans paraître s'en apercevoir, lorsqu'il dit que « l'homme avec son intellect passif est réuni à l'Intelligence active, représentée par la femme », alors que généralement c'est le masculin qui symbolise l'élément actif et le féminin l'élément passif. Ce qui est le plus remarquable, c'est que cette sorte de renversement du rapport habituel se trouve également dans le symbolisme employé par le tantrisme hindou ; et le rapprochement s'impose plus fortement encore lorsque nous voyons Cecco d'Ascoli dire : « *onde io son ella* », exactement comme les *Shâktas*, au lieu de *So'ham*, « Je suis Lui » (le *Ana Hoa* de l'ésotérisme islamique), disent *Sâ'ham*, « Je suis Elle ». D'autre part, M. Valli remarque que, à côté du *Rebis* figuré dans le *Rosarium Philosophorum*, on voit une sorte d'arbre portant six couples de visages disposés symétriquement de chaque côté de la tige et un visage unique au sommet, qu'il identifie avec les personnages de la figure de Francesco da Barberino ; il semble bien s'agir effectivement, dans les deux cas, d'une hiérarchie initiatique en sept degrés, le dernier degré étant essentiellement caractérisé par la reconstitution de l'Androgyne hermétique, c'est-à-dire en somme la restauration de l'« état primordial » ; et ceci s'accorde avec ce que nous avons eu l'occasion de dire sur la signification du terme de « Rose-Croix », comme désignant la perfection de l'état humain. À propos de l'initiation en sept degrés, nous avons parlé, dans notre étude sur L'Ésotérisme de Dante, de l'échelle à sept échelons ; il est vrai que ceux-ci, généralement, sont plutôt mis en correspondance avec les sept cieux planétaires, qui se réfèrent à des états suprahumains ; mais, par raison d'analogie, il doit y avoir, dans un même système initiatique, une similitude de répartition hiérarchique entre les « petits mystères » et les « grands mystères ». D'autre part, l'être réintégré au centre de l'état humain est par là même prêt à s'élever aux états supérieurs, et il domine déjà les conditions de l'existence dans ce monde dont il est devenu maître ; c'est pourquoi le *Rebis* du *Rosarium Philosophorum* a sous ses pieds la lune, et celui de Basile Valentin le dragon ; cette signification a été complètement méconnue par M. Valli, qui n'a vu là que des symboles de la doctrine corrompue ou de « l'erreur qui opprime le monde », alors que, en réalité, la lune représente le domaine des formes (le symbolisme est le même que celui de la « marche sur les eaux »), et le dragon est ici la figure du monde élémentaire.

M. Valli, tout en n'ayant aucun doute sur les rapports de Dante avec les Templiers, dont il existe des indices multiples, soulève une discussion au sujet de la médaille du musée de Vienne, dont nous avons parlé dans *L'Ésotérisme de Dante* ; il a voulu voir cette médaille, et il a constaté que ses deux faces avaient été réunies postérieurement et avaient dû appartenir tout d'abord à deux médailles différentes ; il reconnaît d'ailleurs que cette étrange opération n'a pas dû être faite sans quelque raison. Quant aux initiales F. S. K. I. P. F. T. qui figurent au revers, elles sont pour lui celles des sept vertus : *Fides, Spes, Karitas, Justitia, Prudentia, Fortitudo, Temperantia*, bien qu'il y ait une anomalie dans le fait qu'elles sont disposées en deux lignes par quatre et trois, au lieu de l'être par trois et quatre comme le voudrait la distinction des trois vertus théologales et des quatre vertus cardinales ; comme elles sont d'ailleurs jointes à des rameaux de laurier et d'olivier, « qui sont proprement les deux plantes sacrées des initiés », il admet que cette interprétation n'exclut pas forcément l'existence d'une autre signification plus cachée ; et nous ajouterons que l'orthographe anormale *Karitas*, au lieu de *Charitas*, pourrait bien avoir été nécessitée précisément par ce double sens. Du reste, nous avions signalé par ailleurs, dans la même étude, le rôle initiatique donné aux trois vertus théologales, et qui a été conservé dans le 18e degré de la Maçonnerie écossaise[3] ; en outre, le septénaire des vertus est formé d'un ternaire supérieur et d'un quaternaire inférieur, ce qui indique suffisamment qu'il est constitué selon des principes ésotériques ; et enfin il peut, tout aussi bien que celui des « arts libéraux » (divisé, lui aussi, en *trivium* et *quadrivium*), correspondre aux sept échelons auxquels nous faisions allusion tout à l'heure, d'autant plus que, en fait, la « Foi » (la *Fede Santa*) figure toujours au plus haut échelon de l'« échelle mystérieuse » des *Kadosch* ; tout cela forme donc un ensemble beaucoup plus cohérent que ne peuvent le croire les observateurs superficiels.

D'un autre côté, M. Valli a découvert, au même musée de Vienne, la médaille originale de Dante, et le revers de celle-ci présente encore une figure fort étrange et énigmatique : un cœur placé au centre d'un système de cercles qui a l'apparence d'une sphère céleste, mais qui n'en est pas une en réalité, et que n'accompagne aucune inscription[4]. Il y a trois cercles méridiens et quatre cercles parallèles, que M. Valli rapporte encore respectivement aux trois vertus théologales et aux quatre vertus cardinales ; ce qui nous donnerait à penser que cette interprétation doit être exacte, c'est surtout la justesse de l'application qui est faite, dans cette disposition, du sens vertical et du sens horizontal aux rapports de la vie contemplative et de la vie active, ou de l'autorité spirituelle et du pouvoir temporel régissant l'une et l'autre, auxquels correspondent ces deux groupes de vertus, qu'un cercle oblique, complétant la figure (et formant avec les autres le nombre 8 qui est celui de l'équilibre), relie en une parfaite harmonie sous l'irradiation de la « doctrine d'amour »[5].

Une dernière note concerne le nom secret que les « Fidèles d'Amour » donnaient à Dieu : Francesco da Barberino, dans son *Tractatus Amoris*, s'est fait représenter dans une attitude d'adoration devant la lettre I ; et, dans *La Divine Comédie*, Adam dit que le premier nom de Dieu fut I[6], le nom qui vint ensuite étant *El*. Cette lettre I, que Dante appelle la « neuvième figure », suivant son rang dans l'alphabet latin (et l'on sait quelle importance symbolique avait pour lui le nombre 9), n'est évidemment autre que le *iod*, bien que celui-ci soit la dixième lettre dans l'alphabet hébraïque ; et, en fait, le *iod*, outre qu'il est la première lettre du Tétragramme, constitue un nom divin par lui-même, soit isolé, soit répété trois fois[7]. C'est ce même *iod* qui, dans la Maçonnerie, est devenu la lettre G, par assimilation avec *God* (car c'est en Angleterre que s'opéra cette transformation) ; ceci sans préjudice des autres significations multiples qui sont venues secondairement se concentrer dans cette même lettre G, et qu'il n'est pas dans notre propos d'examiner ici.

Il est à souhaiter vivement, tout en déplorant la disparition de M. Luigi Valli, qu'il trouve des continuateurs dans ce champ de recherches aussi vaste que peu exploré jusqu'ici ; et il semble bien qu'il doive en être ainsi, puisque lui-même nous apprend qu'il a déjà été suivi par M. Gaetano Scarlata, qui a consacré un ouvrage[8] à l'étude spéciale du traité *De vulgari eloquentia* de Dante, livre « plein de mystères » aussi, comme Rossetti et Aroux l'avaient bien vu, et qui, tandis qu'il semble parler simplement de l'idiome italien, se rapporte en réalité à la langue secrète, suivant un procédé également en usage dans l'ésotérisme islamique, où, comme nous l'avons signalé en une autre occasion, une œuvre initiatique peut revêtir les apparences d'un simple traité de grammaire. On fera sans doute encore bien d'autres découvertes dans le même ordre d'idées ; et, même si ceux qui se consacrent à ces recherches n'y apportent personnellement qu'une mentalité « profane » (à la condition qu'elle soit pourtant impartiale) et n'y voient que l'objet d'une sorte de curiosité historique, les résultats obtenus n'en seront pas moins susceptibles en eux-mêmes, et pour ceux qui sauront en comprendre toute la portée réelle, de contribuer efficacement à une restauration de l'esprit traditionnel : ces travaux ne se rattachent-ils pas, fût-ce inconsciemment et involontairement, à la « recherche de la Parole perdue », qui est la même chose que la « queste du Graal » ?

CHAPITRE VI

NOUVEAUX APERÇUS SUR LE LANGAGE SECRET DE DANTE

En parlant précédemment des deux tomes du dernier livre de M. Luigi Valli, nous mentionnions l'ouvrage que, suivant les mêmes idées directrices, M. Gaetano Scarlata a consacré au traité *De vulgari eloquentia* de Dante, ou plutôt, comme il préfère le désigner (car le titre n'a jamais été fixé exactement), *De vulgaris eloquentiae doctrina*, suivant l'expression employée par l'auteur lui-même pour en définir le sujet dès le début, et afin de mettre en évidence son intention quant au contenu doctrinal de la poésie en langue vulgaire[1]. En effet, ceux que Dante appelle *poeti volgari*, ce sont ceux dont les écrits avaient, comme il dit, *verace intendimento*, c'est-à-dire contenaient un sens caché conformément au symbolisme des « Fidèles d'Amour », puisqu'il les oppose aux *litterali* (et non *litterati* comme on l'a lu parfois inexactement), ou à ceux qui écrivaient seulement dans le sens littéral. Les premiers sont pour lui les vrais poètes, et il les appelle aussi *trilingues doctores*, ce qui peut s'entendre extérieurement du fait qu'une telle poésie existait dans les trois langues, italienne, provençale (non pas « française » comme le dit à tort M. Scarlata) et espagnole, mais signifie en réalité (aucun poète n'ayant jamais écrit en fait dans ces trois langues) qu'elle devait s'interpréter suivant un triple sens[2] ; et Dante, au sujet de ces *trilingues doctores*, dit que *maxime conveniunt in hoc vocabulo quod est Amor*, ce qui est une allusion assez évidente à la doctrine des « Fidèles d'Amour ».

Au sujet de ceux-ci, M. Scarlata fait une remarque très juste : il pense qu'ils n'ont jamais dû constituer une association suivant des formes rigoureusement définies, plus où moins semblables à celles de la Maçonnerie moderne par exemple, avec un pouvoir central établissant des « filiales » dans les diverses localités ; et nous pouvons ajouter, à l'appui de cette remarque, que dans la Maçonnerie elle-même, rien de tel n'a jamais existé avant la constitution de la Grande Loge d'Angleterre en 1717. Il ne semble d'ailleurs pas que M. Scarlata ait saisi toute la portée du fait, qu'il croit devoir attribuer simplement aux circonstances, peu favorables à l'existence d'une institution se présentant sous des dehors plus stables ; en réalité, comme nous l'avons déjà dit souvent, une organisation véritablement initiatique ne peut pas être une « société » au sens moderne de ce mot, avec tout le formalisme extérieur qu'il implique ; lorsqu'on voit apparaître des statuts, des règlements écrits et autres choses de ce genre, on peut être sûr qu'il y a là une dégénérescence donnant à l'organisation un caractère « semi-profane », si l'on peut employer une telle expression. Mais, pour ce qui est d'ordre proprement initiatique, M. Scarlata n'est pas allé au fond des choses, et il paraît même ne pas s'en être approché autant que M. Valli ; il voit surtout le côté politique, somme toute accessoire, et il parle constamment de « sectes », point sur lequel nous nous sommes amplement expliqué dans notre précédent chapitre ; il ne tire, dans ses développements, que peu de conséquences de l'affirmation de la doctrine (ésotérique et non hérétique) de l'*amor sapientiae*, qui est pourtant tout l'essentiel, le reste tenant seulement aux contingences historiques. Il est d'ailleurs possible que le sujet de cette étude se soit prêté assez facilement à ce qui nous apparaît comme une erreur de perspective : le *De vulgaris eloquentiae doctrina* a un lien direct avec le *De monarchia*, et, par conséquent, se rattache à la partie de l'œuvre de Dante où les applications sociales tiennent la place la plus considérable ; mais ces applications elles-mêmes peuvent-elles être bien comprises si on ne les rapporte pas constamment à leur principe ? Le plus fâcheux est que M. Scarlata, quand il passe à des vues historiques d'ensemble, se soit laissé entraîner à des interprétations plus que contestables : ne va-t-il pas jusqu'à faire de Dante et des « Fidèles d'Amour » des adversaires de l'esprit du moyen âge et des précurseurs des idées modernes, animés d'un esprit « laïque » et « démocratique » qui serait en réalité tout ce qu'il y a de plus « anti-initiatique » ? Cette seconde partie de son livre, où il y a pourtant des indications intéressantes, notamment sur les influences orientales à la cour de Frédéric II et dans le mouvement franciscain, serait à reprendre sur des bases plus conformes au sens traditionnel ; il est vrai qu'elle n'est présentée que comme une « première tentative de reconstruction historique », et qui sait si l'auteur ne sera pas amené par ses recherches ultérieures à la rectifier lui-même ?

Une des causes de la méprise de M. Scarlata est peut-être dans la façon dont Dante oppose l'usage du *vulgare* à celui du latin, langue ecclésiastique, et aussi la manière de symboliser des poètes, selon le *verace intendimento*, à celle des théologiens (cette dernière étant plutôt une simple allégorie) ; mais c'est aux yeux des adversaires de Dante, ou (ce qui revient souvent au même en pareil cas) de ceux qui ne le comprenaient pas, que le *vulgare* n'était que le *sermo laicus*, alors que pour lui-même il était tout autre chose ; et d'autre part, au point de vue strictement traditionnel, la fonction des initiés n'est-elle pas plus véritablement « sacerdotale » que celle d'un « clergé » exotériste qui ne possède que la lettre et s'arrête à l'écorce de la doctrine[3] ? Le point essentiel, ici, est de savoir ce que Dante entend par l'expression *vulgare illustre* qui peut sembler étrange et même contradictoire si l'on s'en tient au sens ordinaire des mots, mais qui s'explique si l'on remarque qu'il fait *vulgare* synonyme de *naturale* : c'est la langue que l'homme apprend directement par transmission orale (comme l'enfant, qui au point de vue initiatique représente le néophyte, apprend sa propre langue maternelle), c'est-à-dire, symboliquement, la langue qui sert de véhicule à la tradition, et qui peut, sous ce rapport, s'identifier à la langue primordiale et universelle. Ceci touche de près, comme on le voit, à la question de la mystérieuse « langue syriaque » (*loghah sûryâniyah*) dont nous avons parlé dans de précédents articles[4] ; il est vrai que, pour Dante, cette « langue de la révélation » semble avoir été l'hébreu, mais, comme nous le disions alors, une telle affirmation ne doit pas être prise à la lettre, la même chose pouvant être dite de toute langue qui a un caractère « sacré », c'est-à-dire qui sert à l'expression d'une forme traditionnelle régulière[5]. D'après Dante, la langue parlée par le premier homme, créé immédiatement par Dieu, fut continuée par ses descendants jusqu'à l'édification de la tour de Babel ; ensuite, « *hanc formam locutionis hereditati sunt filii Heber... ; hiis solis post confusionem remansit* » ; mais ces « fils d'Héber » ne sont-ils pas tous ceux qui ont gardé la tradition, bien plutôt qu'un peuple déterminé ? Le nom d'« Israël » n'a-t-il pas été souvent employé aussi pour désigner l'ensemble des initiés, quelle que soit leur origine ethnique, et ceux-ci, qui en fait forment réellement le « peuple élu », ne possèdent-ils pas la langue universelle qui leur permet à tous de se comprendre entre eux, c'est-à-dire la connaissance de la tradition unique qui est cachée sous toutes les formes particulières[6] ? D'ailleurs, si Dante avait pensé qu'il s'agissait réellement de la langue hébraïque, il n'aurait pas pu dire que l'Église (désignée par le nom énigmatique de *Petramala*) croit parler la langue d'Adam, puisqu'elle parle, non l'hébreu, mais le latin, pour lequel il ne semble pas que personne ait jamais revendiqué la qualité de langue primitive ; mais, si l'on entend par là qu'elle croit enseigner la véritable doctrine de la révélation, tout devient parfaitement intelligible. Au surplus, même en admettant que les premiers Chrétiens, qui possédaient cette véritable doctrine, aient effectivement parlé l'hébreu (ce qui serait historiquement inexact, car l'araméen n'est pas plus l'hébreu que l'italien n'est le latin), les « Fidèles d'Amour », qui se considéraient comme leurs continuateurs, n'ont jamais prétendu reprendre cette langue pour l'opposer au latin, comme ils auraient logiquement dû le faire s'il fallait s'en tenir à l'interprétation littérale[7].

On voit que tout cela est fort loin de la signification purement « philologique » qu'on attribue habituellement au traité de Dante, et qu'il s'agit au fond de bien autre chose que de l'idiome italien ; et même ce qui se rapporte réellement à celui-ci peut avoir aussi, en même temps, une valeur symbolique. C'est ainsi que, lorsque Dante oppose telle cité ou telle région à telle autre, il ne s'agit pas simplement d'une opposition linguistique, ou que, lorsqu'il cite certains noms comme ceux de *Petramala*, des *Papienses* ou des *Aquilegienses*, il y a dans ce choix (même sans aller jusqu'à la considération d'un symbolisme géographique proprement dit) des intentions assez transparentes, comme l'avait déjà remarqué Rossetti ; et, naturellement, il faut souvent, pour comprendre le vrai sens de tel ou tel mot apparemment insignifiant, se reporter à la terminologie conventionnelle des « Fidèles d'Amour ». M. Scarlata fait très justement observer que ce sont presque toujours les exemples (y compris ceux qui semblent n'avoir qu'une valeur purement rhétorique ou grammaticale) qui donnent la clef du contexte ; il y avait là, en effet, un excellent moyen de détourner l'attention des « profanes », qui ne pouvaient y voir que des phrases quelconques et sans importance ; on pourrait dire que ces exemples jouent là un rôle assez comparable à celui des « mythes » dans les dialogues platoniciens, et il n'y a qu'à voir ce que font de ceux-ci les « critiques » universitaires pour être fixé sur la parfaite efficacité du procédé qui consiste à mettre ainsi en « hors-d'œuvre », si l'on peut dire, ce qu'il y a précisément de plus important.

En somme, ce que Dante semble avoir eu essentiellement en vue, c'est la constitution d'un langage apte, par la superposition des sens multiples, à exprimer dans la mesure du possible la doctrine ésotérique ; et, si la codification d'un tel langage peut être qualifiée de « rhétorique », c'est là, en tout cas, une rhétorique d'un genre bien spécial, aussi éloignée de ce qu'on entend aujourd'hui par ce mot que la poésie des « Fidèles d'Amour » l'est de celle des modernes, dont les prédécesseurs sont ces *litterali* à qui Dante reprochait de rimer « sottement » (*stoltamente*) sans enfermer dans leurs vers aucun sens profond[8]. Suivant le mot de M. Valli que nous avons déjà cité, Dante se proposait tout autre chose que de « faire de la littérature », et cela revient à dire qu'il était précisément tout le contraire d'un moderne ; son œuvre, loin de s'opposer à l'esprit du moyen âge, en est une des plus parfaites synthèses, au même titre que celle des constructeurs de cathédrales ; et les plus simples données initiatiques permettent de comprendre sans peine qu'il y a à ce rapprochement des raisons très profondes.

CHAPITRE VII

« FIDÈLES D'AMOUR » ET « COURS D'AMOUR »

Les recherches sur les « Fidèles d'Amour », continuent à donner lieu, en Italie, à d'intéressants travaux : M. Alfonso Ricolfi, qui avait déjà fait paraître divers articles sur ce sujet, vient de publier une étude que d'autres doivent suivre, et où il affirme son intention de reprendre l'œuvre laissée inachevée par Luigi Valli[1]. Peut-être le fait-il, cependant, avec quelque timidité, car il estime que celui-ci a « exagéré » sur certains points, notamment en refusant une existence réelle à toutes les femmes chantées par les poètes se rattachant aux « Fidèles d'Amour », à l'opposé de l'opinion la plus communément admise ; mais, à vrai dire, cette question a sans doute moins d'importance qu'il ne semble le croire, du moins quand on se place en dehors d'un point de vue de simple curiosité historique, et n'affecte en rien la véritable interprétation. Il n'y a rien d'impossible, en effet, à ce que certains, désignant par un nom féminin la Sagesse divine, aient adopté, à titre purement symbolique, le nom d'une personne ayant vécu réellement, et même il peut y avoir à cela au moins deux raisons : d'abord, comme nous le disions encore dernièrement, n'importe quoi peut, selon la nature des individus, être l'occasion et le point de départ d'un développement spirituel, et cela peut être vrai d'un amour terrestre aussi bien que de toute autre circonstance (d'autant plus qu'il ne faut pas oublier que ce à quoi nous avons affaire ici peut en somme être caractérisé comme une voie de *Kshatriya*) ; ensuite, le véritable sens de la désignation ainsi employée n'en était que plus difficilement pénétrable pour les profanes, qui s'en tenaient naturellement à la lettre, et cet avantage, quoique d'ordre contingent, n'était peut-être pas toujours entièrement négligeable.

Cette remarque nous amène à envisager un autre point qui a avec celui-là des rapports assez étroits : M. Ricolfi estime qu'il faut distinguer entre « Cours d'Amour » et « Cours d'amour » ; et cette distinction n'est pas, comme on pourrait le croire à première vue, une simple subtilité. En effet, il faut entendre par « Cour d'Amour » une assemblée symbolique présidée par l'Amour lui-même personnifié, tandis qu'une « Cour d'amour » est seulement une réunion humaine, constituant une sorte de tribunal appelé à se prononcer sur des cas plus ou moins complexes ; que ces cas aient d'ailleurs été réels ou supposés, ou, en d'autres termes, qu'il se soit agi d'une juridiction effective ou d'un simple jeu (et il a pu en fait y avoir l'un et l'autre), peu importe au point de vue où nous nous plaçons. Les « Cours d'amour », si vraiment elles ne s'occupaient que de questions concernant l'amour profane, n'étaient point les assemblées des véritables « Fidèles d'Amour » (à moins pourtant que ceux-ci n'aient pris parfois extérieurement cette apparence pour mieux se dissimuler) ; mais elles ont pu en être une imitation et comme une parodie, née de l'incompréhension des non-initiés, de même qu'il y avait incontestablement, à la même époque, des poètes profanes qui, célébrant dans leurs vers des femmes réelles, n'y mettaient rien de plus que le sens littéral. De même encore, à côté des véritables alchimistes, il y avait des « souffleurs » ; là aussi, il faut se garder de toute confusion entre les uns et les autres, et ce n'est pas toujours facile sans un examen approfondi, puisque, extérieurement, leur langage peut être le même ; et cette confusion même, dans ce cas comme dans l'autre, a pu servir parfois à dérouter des recherches indiscrètes.

Mais ce qui serait inadmissible, c'est d'attribuer une sorte de priorité ou d'antériorité à ce qui n'est que contrefaçon ou dégénérescence ; et M. Ricolfi nous semble disposé à admettre trop facilement que le sens profond ait pu être comme surajouté après coup à quelque chose qui, au début, n'aurait eu qu'un caractère tout profane. À cet égard, nous nous contenterons de rappeler ce que nous avons dit bien souvent sur l'origine initiatique de toute science et de tout art, dont le caractère proprement traditionnel n'a pu se perdre ensuite que par un effet de l'incompréhension dont nous parlions tout à l'heure ; d'ailleurs, supposer l'inverse, c'est admettre une influence du monde profane sur le monde initiatique, c'est-à-dire un renversement des véritables rapports hiérarchiques qui sont inhérents à la nature même des choses. Ce qui peut faire illusion, dans le cas présent, c'est que l'imitation profane a dû toujours être plus visible que la véritable organisation des « Fidèles d'Amour », organisation que, du reste, il faudrait bien se garder de concevoir à la façon d'une « société », ainsi que nous l'avons déjà expliqué pour les organisations initiatiques en général[2] : si elle peut paraître insaisissable à l'historien ordinaire, c'est là une preuve, non point de son inexistence, mais au contraire de son caractère vraiment sérieux et profond[3].

Un des principaux mérites du travail de M. Ricolfi est d'apporter de nouvelles indications en ce qui concerne l'existence des « Fidèles d'Amour » dans la France septentrionale ; et le poème peu connu de Jacques de Baisieux sur les *Fiefs d'Amour* (identifiés aux « fiefs célestes » par opposition aux « fiefs terrestres »), sur lequel il s'étend assez longuement, est particulièrement significatif à cet égard. Les traces d'une telle organisation sont assurément beaucoup plus rares dans cette région qu'en Languedoc et en Provence[4] ; il ne faut pourtant pas oublier qu'il y eut, un peu plus tard, le *Roman de la Rose* ; et, par ailleurs, d'étroits rapports avec la « Chevalerie du Graal » (à laquelle Jacques de Baisieux lui-même fait explicitement allusion) sont suggérés par le fait que Chrestien de Troyes traduisit l'*Ars amandi* d'Ovide, qui ainsi pourrait bien avoir également quelque signification autre que le sens littéral (et il n'y aurait point lieu de s'en étonner de la part de l'auteur des *Métamorphoses*). Assurément, tout est loin d'avoir été dit sur l'organisation de la « chevalerie errante », dont l'idée même se rattache à celle des « voyages » initiatiques ; nous ne pouvons, pour le moment, que rappeler tout ce qui a déjà été écrit ici sur ce dernier sujet ; et nous ajouterons seulement que l'expression de « chevaliers sauvages », signalée par M. Ricolfi, mériterait à elle seule toute une étude particulière.

Il y a aussi des choses assez étranges dans le livre d'André, chapelain du roi de France ; elles ont malheureusement échappé en grande partie à M. Ricolfi, qui en rapporte quelques-unes sans y voir rien d'extraordinaire. Ainsi, il y est dit que le palais de l'Amour s'élève « au milieu de l'Univers », que ce palais a quatre côtés et quatre portes ; la porte de l'Orient est réservée au dieu, et celle du Nord demeure toujours fermée. Or il y a ceci de remarquable : le Temple de Salomon, qui symbolise le « Centre du Monde », a aussi, d'après la tradition maçonnique, la forme d'un quadrilatère ou « carré long », et des portes s'ouvrent sur trois de ses côtés, celui du Nord seul n'ayant aucune ouverture ; s'il y a là une légère différence (absence de porte d'une part, porte fermée de l'autre), le symbolisme est exactement le même, le Nord étant ici le côté obscur, celui que n'éclaire pas la lumière du Soleil[5]. De plus, l'Amour apparaît ici sous la forme d'un roi, portant sur la tête une couronne d'or ; n'est-ce pas ainsi que nous le voyons également représenté, dans la Maçonnerie écossaise, au grade de « Prince de Mercy[6] », et ne peut-on pas dire qu'il est alors le « roi pacifique », ce qui est le sens même du nom de Salomon ? Il y a encore un autre rapprochement qui n'est pas moins frappant : dans divers poèmes et fabliaux, la « Cour d'Amour » est décrite comme composée entièrement d'oiseaux, qu'on voit y prendre la parole tour à tour ; or nous avons dit précédemment ce qu'il fallait entendre par la « langue des oiseaux[7] » ; et serait-il admissible de ne voir qu'une pure coïncidence dans le fait que, comme nous l'avons indiqué alors, c'est précisément en connexion avec Salomon que, dans le *Qorân*, cette « langue des oiseaux » se trouve expressément mentionnée ? Ajoutons encore une autre remarque qui n'est pas sans intérêt non plus pour établir d'autres concordances : les principaux rôles, dans cette « Cour d'Amour », paraissent être généralement attribués au rossignol et au perroquet ; on sait l'importance donnée au rossignol dans la poésie persane, dont Luigi Valli a déjà signalé les points de contact avec celle des « Fidèles d'Amour » ; mais ce qu'on sait peut-être moins, c'est que le perroquet est le *vâhana* ou véhicule symbolique de *Kâma*, c'est-à-dire de l'*Éros* hindou ; tout cela n'est-il pas bien fait pour donner à réfléchir ? Et, pendant que nous en sommes à ce qui concerne les oiseaux, n'est-il pas curieux aussi que Francesco da Barberino, dans ses *Documenti d'Amore*, représente l'Amour lui-même avec des pieds de faucon ou d'épervier, l'oiseau emblématique de l'*Horus* égyptien, dont le symbolisme est en étroite relation avec celui du « Cœur du Monde[8] » ?

À propos de Francesco da Barberino, M. Ricolfi revient sur la figure dont nous avons déjà parlé[2], et où six couples de personnages disposés symétriquement et un treizième personnage androgyne au centre représentent assez visiblement sept degrés initiatiques ; si son interprétation diffère quelque peu de celle de Luigi Valli, ce n'est que sur des points de détail qui n'en changent nullement la signification essentielle. Il donne en outre la reproduction d'une seconde figure, représentation d'une « Cour d'Amour » où les personnages sont répartis sur onze gradins ; ce fait ne semble pas avoir attiré particulièrement son attention ; mais, si l'on veut bien se reporter à ce que nous avons dit ailleurs du rôle de ce nombre 11 chez Dante, en rapport avec le symbolisme de certaines organisations initiatiques[10], on en comprendra facilement toute l'importance. Il semble du reste que l'auteur des *Documenti d'Amore* n'ait pas été étranger même à certaines connaissances traditionnelles d'un genre assez spécial, comme l'explication du sens des mots par le développement de leurs éléments constitutifs ; en effet, qu'on lise attentivement cette phrase par laquelle il définit l'une des douze vertus auxquelles correspondent les douze parties de son ouvrage (et ce nombre aussi a sa raison d'être : c'est un zodiaque dont l'Amour est le Soleil), et que M. Ricolfi cite sans commentaire : « *Docilitas, data novitiis notitia vitiorum, docet illos ab illorum vilitate abstinere* » ; n'y a-t-il pas là quelque chose qui rappelle, par exemple, le *Cratyle* de Platon[11] ?

Signalons encore, sans quitter Francesco da Barberino, une assez curieuse méprise de M. Ricolfi à propos de sa figure androgyne, qui est nettement hermétique et n'a absolument rien de « magique », car ce sont là deux choses tout à fait différentes ; il parle même à cet égard de « magie blanche », tandis qu'il voudrait voir de la « magie noire » dans le *Rebis* de Basile Valentin, à cause du dragon qui, comme nous l'avons déjà dit[12], représente tout simplement le monde élémentaire, et qui d'ailleurs est placé sous les pieds dudit *Rebis*, donc dominé par lui, et aussi, chose plus amusante, à cause de l'équerre et du compas, ceci pour des raisons qu'il n'est que trop facile de deviner, et qui relèvent assurément beaucoup plus des contingences politiques que de considérations d'ordre initiatique ! Et enfin, pour terminer, puisque M. Ricolfi semble avoir quelque doute sur le caractère ésotérique de la figure où, sous l'apparence d'une simple « lettre ornée », Francesco da Barberino s'est fait représenter en adoration devant la lettre I, précisons encore la signification de celle-ci, qui fut d'après Dante le premier nom de Dieu : elle désigne proprement l'« Unité divine » (et c'est d'ailleurs pourquoi ce nom est premier, l'unité de l'essence précédant nécessairement la multiplicité des attributs) ; en effet, non seulement elle est l'équivalent du *iod* hébraïque, hiéroglyphe du Principe, et lui-même principe de toutes les autres lettres de l'alphabet, et dont la valeur numérique 10 se ramène à l'unité (c'est l'unité développée dans le quaternaire : $1 + 2 + 3 + 4 = 10$, ou le point central produisant par son expansion le cercle de la manifestation universelle) ; non seulement la lettre I elle-même représente l'unité dans la numération latine, en raison de sa forme de ligne droite, qui est la plus simple de toutes les formes géométriques (le point étant « sans forme ») ; mais encore, dans la langue chinoise, le mot *i* signifie « unité », et *Taï-i* est la « Grande Unité », qui est représentée symboliquement comme résidant dans l'étoile polaire, ce qui est encore plein de signification, car, en revenant à la lettre I des alphabets occidentaux, on s'aperçoit que, étant une droite verticale, elle est par là même propre à symboliser l'« Axe du Monde », dont on connaît assez l'importance dans toutes les doctrines traditionnelles[13] ; et ainsi ce « premier nom de Dieu » nous rappelle aussi l'antériorité du symbolisme « polaire » par rapport au symbolisme « solaire ».

Naturellement, nous avons surtout insisté ici sur les points où les explications de M. Ricolfi sont le plus manifestement insuffisantes, car nous pensons que c'est là ce qu'il y a de plus utile ; mais il va de soi qu'il serait injuste de faire grief à des spécialistes de l'« histoire littéraire », que rien n'a préparés à aborder le domaine ésotérique, de manquer des données nécessaires pour discerner et interpréter correctement tous les symboles initiatiques. Il faut au contraire reconnaître le mérite qu'il y a de leur part à oser aller à l'encontre d'opinions officiellement admises et d'interprétations antitraditionnelles imposées par l'esprit profane qui domine le monde moderne, et leur savoir gré de mettre à notre disposition, en exposant impartialement le résultat de leurs recherches, des documents dans lesquels nous pouvons trouver ce qu'eux-mêmes n'y ont pas vu ; et nous ne pouvons que souhaiter de voir paraître encore bientôt d'autres travaux du même genre apportant de nouvelles lueurs sur la question si mystérieuse et si complexe des organisations initiatiques du moyen âge occidental.

CHAPITRE VIII

LE SAINT GRAAL

M. Arthur Edward Waite a fait paraître un ouvrage sur les légendes du Saint Graal[1], imposant par ses dimensions et par la somme de recherches qu'il représente, et dans lequel tous ceux qui s'intéressent à cette question pourront trouver un exposé très complet et méthodique du contenu des multiples textes qui s'y rapportent, ainsi que des diverses théories qui ont été proposées pour expliquer l'origine et la signification de ces légendes fort complexes, parfois même contradictoires dans certains de leurs éléments. Il faut ajouter que M. Waite n'a pas entendu faire uniquement œuvre d'érudition, et il convient de l'en louer également, car nous sommes entièrement de son avis sur le peu de valeur de tout travail qui ne dépasse pas ce point de vue, et dont l'intérêt ne peut être en somme que « documentaire » ; il a voulu dégager le sens réel et « intérieur » du symbolisme du Saint Graal et de la « queste ». Malheureusement, nous devons dire que ce côté de son œuvre est celui qui nous paraît le moins satisfaisant ; les conclusions auxquelles il aboutit sont même plutôt décevantes, surtout si l'on songe à tout le labeur accompli pour y parvenir ; et c'est là-dessus que nous voudrions formuler quelques observations, qui se rattacheront d'ailleurs tout naturellement à des questions que nous avons déjà traitées en d'autres occasions.

Ce n'est pas faire injure à M. Waite, croyons-nous, que de dire que son ouvrage est quelque peu *one-sighted* ; devons-nous traduire en français par « partial » ? Ce ne serait peut-être pas rigoureusement exact, et, en tout cas, nous n'entendons pas dire par là qu'il le soit de façon voulue ; il y aurait plutôt là quelque chose du défaut si fréquent chez ceux qui, s'étant « spécialisés » dans un certain ordre d'études, sont portés à tout y ramener, ou à négliger ce qui ne s'y laisse pas réduire. Que la légende du Graal soit chrétienne, ce n'est certes pas contestable, et M. Waite a raison de l'affirmer ; mais cela empêche-t-il nécessairement qu'elle soit aussi autre chose en même temps ? Ceux qui ont conscience de l'unité fondamentale de toutes les traditions ne verront là aucune incompatibilité ; mais M. Waite, pour sa part, ne veut voir en quelque sorte que ce qui est spécifiquement chrétien, s'enfermant ainsi dans une forme traditionnelle particulière, dont les rapports qu'elle a avec les autres, précisément par son côté « intérieur », semblent dès lors lui échapper. Ce n'est pas qu'il nie l'existence d'éléments d'une autre provenance, probablement antérieurs au Christianisme, car ce serait aller contre l'évidence ; mais il ne leur accorde qu'une bien médiocre importance, et il paraît les considérer comme « accidentels », comme étant venus s'ajouter à la légende « du dehors », et simplement du fait du milieu où elle s'est élaborée. Aussi ces éléments sont-ils regardés par lui comme relevant de ce qu'on est convenu d'appeler le folklore, non pas toujours par dédain comme le mot lui-même pourrait le faire supposer, mais plutôt pour satisfaire à une sorte de « mode » de notre époque, et sans toujours se rendre compte des intentions qui s'y trouvent impliquées ; et il n'est peut-être pas inutile d'insister un peu sur ce point.

La conception même du folklore, tel qu'on l'entend habituellement, repose sur une idée radicalement fausse, l'idée qu'il y a des « créations populaires », produits spontanés de la masse du peuple ; et l'on voit tout de suite le rapport étroit de cette façon de voir avec les préjugés « démocratiques ». Comme on l'a dit très justement, « l'intérêt profond de toutes les traditions dites populaires réside surtout dans le fait qu'elles ne sont pas populaires d'origine[2] » ; et nous ajouterons que, s'il s'agit, comme c'est presque toujours le cas, d'éléments traditionnels au vrai sens de ce mot, si déformés, amoindris ou fragmentaires qu'ils puissent être parfois, et de choses ayant une valeur symbolique réelle, tout cela, bien loin d'être d'origine populaire, n'est même pas d'origine humaine. Ce qui peut être populaire, c'est uniquement le fait de la « survivance », quand ces éléments appartiennent à des formes traditionnelles disparues ; et, à cet égard, le terme de folklore prend un sens assez proche de celui de « paganisme », en ne tenant compte que de l'étymologie de ce dernier, et avec l'intention « polémique » et injurieuse en moins. Le peuple conserve ainsi, sans les comprendre, les débris de traditions anciennes, remontant même parfois à un passé si lointain qu'il serait impossible de le déterminer, et qu'on se contente de rapporter, pour cette raison, au domaine obscur de la « préhistoire » ; il remplit en cela la fonction d'une sorte de mémoire collective plus ou moins « subconsciente », dont le contenu est manifestement venu d'ailleurs[3]. Ce qui peut sembler le plus étonnant, c'est que, lorsqu'on va au fond des choses, on constate que ce qui est ainsi conservé contient surtout, sous une forme plus ou moins voilée, une somme considérable de données d'ordre ésotérique, c'est-à-dire précisément tout ce qu'il y a de moins populaire par essence ; et ce fait suggère de lui-même une explication que nous nous bornerons à indiquer en quelques mots. Lorsqu'une forme traditionnelle est sur le point de s'éteindre, ses derniers représentants peuvent fort bien confier volontairement, à cette mémoire collective dont nous venons de parler, ce qui autrement se perdrait sans retour ; c'est en somme le seul moyen de sauver ce qui peut l'être dans une certaine mesure ; et, en même temps, l'incompréhension naturelle de la masse est une suffisante garantie que ce qui possédait un caractère ésotérique n'en sera pas dépouillé pour cela, mais demeurera seulement, comme une sorte de témoignage du passé, pour ceux qui, en d'autres temps, seront capables de le comprendre.

Cela dit, nous ne voyons pas pourquoi on attribuerait au folklore, sans plus ample examen, tout ce qui appartient à des traditions autres que le Christianisme, celui-ci seul faisant exception ; telle semble être l'intention de M. Waite, lorsqu'il accepte cette dénomination pour les éléments « préchrétiens » et particulièrement celtiques, qui se rencontrent dans les légendes du Graal. Il n'y a pas, sous ce rapport, de forme traditionnelle privilégiée ; la seule distinction à faire est celle des formes disparues et de celles qui sont actuellement vivantes ; et, par conséquent, toute la question reviendrait à savoir si la tradition celtique avait réellement cessé de vivre lorsque se constituèrent les légendes dont il s'agit. Cela est au moins contestable : d'une part, cette tradition peut s'être maintenue plus longtemps qu'on ne le croit d'ordinaire, avec une organisation plus ou moins cachée, et d'autre part, ces légendes elles-mêmes peuvent être plus anciennes que ne le pensent les « critiques », non pas qu'il y ait eu forcément des textes aujourd'hui perdus, auxquels nous ne croyons guère plus que M. Waite, mais par une transmission orale qui peut avoir duré plusieurs siècles, ce qui est loin d'être un fait exceptionnel. Nous voyons là, pour notre part, la marque d'une « jonction » entre deux formes traditionnelles, l'une ancienne et l'autre nouvelle alors, la tradition celtique et la tradition chrétienne, jonction par laquelle ce qui devait être conservé de la première fut en quelque sorte incorporé à la seconde, en se modifiant sans doute jusqu'à un certain point, quant à la forme extérieure, par adaptation et assimilation, mais non point en se transposant sur un autre plan, comme le voudrait M. Waite, car il y a des équivalences entre toutes les traditions régulières ; il y a donc là bien autre chose qu'une simple question de « sources », au sens où l'entendent les érudits. Il serait peut-être difficile de préciser exactement le lieu et la date où cette jonction s'est opérée, mais cela n'a qu'un intérêt secondaire et presque uniquement historique ; il est d'ailleurs facile de concevoir que ces choses sont de celles qui ne laissent pas de traces dans des « documents » écrits. Peut-être l'« Église celtique » ou « culdéenne » mérite-t-elle, à cet égard, plus d'attention que M. Waite ne semble disposé à lui en accorder ; sa dénomination même pourrait le donner à entendre ; et il n'y a rien d'invraisemblable à ce qu'il y ait eu derrière elle quelque chose d'un autre ordre, non plus religieux, mais initiatique, car, comme tout ce qui se rapporte aux liens existant entre les différentes traditions, ce dont il s'agit ici relève nécessairement du domaine initiatique ou ésotérique. L'exotérisme, qu'il soit religieux ou autre, ne va jamais au-delà des limites de la forme traditionnelle à laquelle il appartient en propre ; ce qui dépasse ces limites ne peut appartenir à une « Église » comme telle, mais celle-ci peut seulement en être le « support » extérieur ; et c'est là une remarque sur laquelle nous aurons l'occasion de revenir par la suite.

Une autre observation, concernant plus particulièrement le symbolisme, s'impose également : il y a des symboles qui sont communs aux formes traditionnelles les plus diverses et les plus éloignées les unes des autres, non pas par suite « d'emprunts » qui, dans bien des cas, seraient tout à fait impossibles, mais parce qu'ils appartiennent en réalité à la Tradition primordiale dont ces formes sont toutes issues directement ou indirectement. Ce cas est précisément celui du vase ou de la coupe ; pourquoi ce qui s'y rapporte ne serait-il que du folklore quand il s'agit de traditions « préchrétiennes », alors que, dans le Christianisme seul, elle serait un symbole essentiellement « eucharistique » ? Ce ne sont pas les assimilations envisagées par Burnouf ou par d'autres qui sont ici à rejeter, mais bien les interprétations « naturalistes » qu'ils ont voulu étendre au Christianisme comme à tout le reste, et qui, en réalité, ne sont valables nulle part. Il faudrait donc faire ici exactement le contraire de ce que fait M. Waite, qui, s'arrêtant à des explications extérieures et superficielles, qu'il accepte de confiance tant qu'il ne s'agit pas du Christianisme, voit des sens radicalement différents et sans rapport entre eux là où il n'y a que les aspects plus ou moins multiples d'un même symbole ou ses diverses applications ; sans doute en eût-il été autrement s'il n'avait été gêné par son idée préconçue d'une sorte d'hétérogénéité du Christianisme par rapport aux autres traditions. De même, M. Waite repousse fort justement, en ce qui concerne la légende du Graal, les théories qui font appel à de prétendus « dieux de la végétation » ; mais il est regrettable qu'il soit beaucoup moins net à l'égard des Mystères antiques, qui n'eurent jamais rien de commun non plus avec ce « naturalisme » d'invention toute moderne ; les « dieux de la végétation » et autres histoires du même genre n'ont jamais existé que dans l'imagination de Frazer et de ses pareils, dont les intentions antitraditionnelles ne sont d'ailleurs pas douteuses.

À la vérité, il semble bien aussi que M. Waite soit plus ou moins influencé par un certain « évolutionnisme » ; cette tendance se trahit notamment lorsqu'il déclare que ce qui importe, c'est beaucoup moins l'origine de la légende que le dernier état auquel elle est parvenue par la suite ; et il paraît croire qu'il a dû y avoir, de l'une à l'autre, une sorte de perfectionnement progressif. En réalité, s'il s'agit de quelque chose qui a un caractère vraiment traditionnel, tout doit au contraire s'y trouver dès le commencement, et les développements ultérieurs ne font que le rendre plus explicite, sans adjonction d'éléments nouveaux et venus de l'extérieur. M. Waite paraît admettre une sorte de « spiritualisation », par laquelle un sens supérieur aurait pu venir se greffer sur quelque chose qui ne le comportait pas tout d'abord ; en fait, c'est plutôt l'inverse qui se produit généralement ; et cela rappelle un peu trop les vues profanes des « historiens des religions ». Nous trouvons, à propos de l'alchimie, un exemple très frappant de cette sorte de renversement : M. Waite pense que l'alchimie matérielle a précédé l'alchimie spirituelle, et que celle-ci n'a fait son apparition qu'avec Khunrath et Jacob Bœhme ; s'il connaissait certains traités arabes bien antérieurs à ceux-ci, il serait obligé, même en s'en tenant aux documents écrits, de modifier cette opinion ; et en outre, puisqu'il reconnaît que le langage employé est le même dans les deux cas, nous pourrions lui demander comment il peut être sûr que, dans tel ou tel texte, il ne s'agit que d'opérations matérielles. La vérité est qu'on n'a pas toujours éprouvé le besoin de déclarer expressément qu'il s'agissait d'autre chose, qui devait même au contraire être voilé précisément par le symbolisme mis en usage ; et, s'il est arrivé par la suite que certains l'aient déclaré, ce fut surtout en présence de dégénérescences dues à ce qu'il y avait dès lors des gens qui, ignorants de la valeur des symboles, prenaient tout à la lettre et dans un sens exclusivement matériel : c'étaient les « souffleurs », précurseurs de la chimie moderne. Penser qu'un sens nouveau peut être donné à un symbole qui ne le possédait pas par lui-même, c'est presque nier le symbolisme, car c'est en faire quelque chose d'artificiel, sinon d'entièrement arbitraire, et en tout cas de purement humain ; et, dans cet ordre d'idées, M. Waite va jusqu'à dire que chacun trouve dans un symbole ce qu'il y met lui-même, si bien que sa signification changerait avec la mentalité de chaque époque ; nous reconnaissons là les théories « psychologiques » chères à bon nombre de nos contemporains ; et n'avions-nous pas raison de parler d'« évolutionnisme » ? Nous l'avons dit souvent, et nous ne saurions trop le répéter : tout véritable symbole porte ses multiples sens en lui-même, et cela dès l'origine, car il n'est pas constitué comme tel en vertu d'une convention humaine, mais en vertu de la « loi de correspondance » qui relie tous les mondes entre eux ; que, tandis que certains voient ces sens, d'autres ne les voient pas ou n'en voient qu'une partie, ils n'y sont pas moins réellement contenus, et l'« horizon intellectuel » de chacun fait toute la différence ; le symbolisme est une science exacte et non pas une rêverie où les fantaisies individuelles peuvent se donner libre cours.

Nous ne croyons donc pas, dans les choses de cet ordre, aux « inventions de poètes », auxquelles M. Waite semble disposé à faire une grande part ; ces inventions, loin de porter sur l'essentiel, ne font que le dissimuler, volontairement ou non, en l'enveloppant des apparences trompeuses d'une « fiction » quelconque ; et parfois elles ne le dissimulent que trop bien, car lorsqu'elles se font trop envahissantes, il finit par devenir presque impossible de découvrir le sens profond et originel ; n'est-ce pas ainsi que, chez les Grecs, le symbolisme dégénéra en « mythologie » ? Ce danger est surtout à craindre lorsque le poète lui-même n'a pas conscience de la valeur réelle des symboles, car il est évident que ce cas peut se présenter ; l'apologue de « l'âne portant des reliques » s'applique ici comme en bien d'autres choses : et le poète, alors, jouera en somme un rôle analogue à celui du peuple profane conservant et transmettant à son insu des données initiatiques, ainsi que nous le disions plus haut. La question se pose ici tout particulièrement : les auteurs des romans du Graal furent-ils dans ce dernier cas, ou, au contraire, furent-ils conscients, à un degré ou à un autre, du sens profond de ce qu'ils exprimaient ? Il n'est certes pas facile d'y répondre avec certitude, car, là encore, les apparences peuvent faire illusion : en présence d'un mélange d'éléments insignifiants et incohérents, on est tenté de penser que l'auteur ne savait pas de quoi il parlait ; pourtant, il n'en est pas forcément ainsi, car il est arrivé souvent que les obscurités et même les contradictions soient parfaitement voulues, et que les détails inutiles aient expressément pour but d'égarer l'attention des profanes, de la même façon qu'un symbole peut être dissimulé intentionnellement dans un motif d'ornementation plus ou moins compliqué ; au moyen âge surtout, les exemples de ce genre abondent, ne serait-ce que chez Dante et les « Fidèles d'Amour ». Le fait que le sens supérieur transparaît moins chez Chrestien de Troyes, par exemple, que chez Robert de Borron, ne prouve donc pas nécessairement que le premier en ait été moins conscient que le second ; encore moins faudrait-il en conclure que ce sens est absent de ses écrits, ce qui serait une erreur comparable à celle qui consiste à attribuer aux anciens alchimistes des préoccupations d'ordre uniquement matériel, pour la seule raison qu'ils n'ont pas jugé à propos d'écrire en toutes lettres que leur science était en réalité de nature spirituelle[4]. Au surplus, la question de l'« initiation » des auteurs des romans a peut-être moins d'importance qu'on ne pourrait le croire au premier abord, puisque de toute façon, elle ne change rien aux apparences sous lesquelles le sujet est présenté ; dès lors qu'il s'agit d'une « extériorisation » de données ésotériques, mais qui ne saurait en aucune façon être une « vulgarisation », il est facile de comprendre qu'il doive en être ainsi. Nous irons plus loin : un profane peut même, pour une telle « extériorisation », avoir servi de « porte-parole » à une organisation initiatique, qui l'aura choisi à cet effet simplement pour ses qualités de poète ou d'écrivain, ou pour toute autre raison contingente. Dante écrivait en parfaite connaissance de cause ; Chrestien de Troyes, Robert de Borron et bien d'autres furent probablement beaucoup moins conscients de ce qu'ils exprimaient et peut-être même certains d'entre eux ne le furent-ils pas du tout ; mais peu importe au fond, car, s'il y avait derrière eux une organisation initiatique, quelle qu'elle fût d'ailleurs, le danger d'une déformation due à leur incompréhension se trouvait par là même écarté, cette organisation pouvant les guider constamment sans même qu'ils s'en doutent, soit par l'intermédiaire de certains de ses membres leur fournissant les éléments à mettre en œuvre, soit par des suggestions ou des influences d'un autre genre, plus subtiles et moins « tangibles », mais non moins réelles pour cela ni moins efficaces. On comprendra sans peine que ceci n'a rien à voir avec la soi-disant « inspiration » poétique, telle que les modernes l'entendent, et qui n'est en réalité que de l'imagination pure et simple, ni avec la « littérature », au sens profane de ce mot ; et nous ajouterons tout de suite qu'il ne s'agit pas davantage de « mysticisme » ; mais ce dernier point touche directement à d'autres questions, que nous envisagerons dans la seconde partie de cette étude.

*

Il ne nous paraît pas douteux que les origines de la légende du Graal doivent être rapportées à la transmission d'éléments traditionnels, d'ordre initiatique, du Druidisme au Christianisme ; cette transmission ayant été opérée régulièrement, et quelles qu'en aient été d'ailleurs les modalités, ces éléments firent dès lors partie intégrante de l'ésotérisme chrétien ; nous sommes d'accord avec M. Waite sur ce second point, mais nous devons dire que le premier semble lui avoir échappé. L'existence de l'ésotérisme chrétien au moyen âge est une chose absolument certaine ; les preuves de tout genre en abondent, et les dénégations dues à l'incompréhension moderne, qu'elles proviennent d'ailleurs de partisans ou d'adversaires du Christianisme, ne peuvent rien contre ce fait ; nous avons eu assez souvent l'occasion de parler de cette question pour qu'il ne soit pas nécessaire d'y insister ici. Mais, parmi ceux mêmes qui admettent l'existence de cet ésotérisme, il en est beaucoup qui s'en font une conception plus ou moins inexacte, et tel nous paraît être aussi le cas de M. Waite, à en juger par ses conclusions ; il y a, là encore, des confusions et des malentendus qu'il importe de dissiper.

Tout d'abord, qu'on remarque bien que nous disons « ésotérisme chrétien », et non « Christianisme ésotérique » ; il ne s'agit point, en effet, d'une forme spéciale de Christianisme, il s'agit du côté « intérieur » de la tradition chrétienne ; et il est facile de comprendre qu'il y a là plus qu'une simple nuance. En outre, lorsqu'il y a lieu de distinguer ainsi dans une forme traditionnelle deux faces, l'une exotérique et l'autre ésotérique, il doit être bien entendu qu'elles ne se rapportent pas au même domaine, si bien qu'il ne peut y avoir entre elles de conflit ou d'opposition d'aucune sorte ; en particulier, lorsque l'exotérisme revêt le caractère spécifiquement religieux, comme c'est ici le cas, l'ésotérisme correspondant, tout en y prenant sa base et son support, n'a en lui-même rien à voir avec le domaine religieux et se situe dans un ordre totalement différent. Il résulte immédiatement de là que cet ésotérisme ne peut en aucun cas être représenté par des « Églises » ou des « sectes » quelconques, qui, par définition même, sont toujours religieuses, donc exotériques ; c'est là encore un point que nous avons déjà traité en d'autres circonstances, et qu'il nous suffit donc de rappeler sommairement. Certaines « sectes » ont pu naître d'une confusion entre les deux domaines, et d'une « extériorisation » erronée de données ésotériques mal comprises et mal appliquées ; mais les organisations initiatiques véritables, se maintenant strictement sur leur terrain propre, demeurent forcément étrangères à de telles déviations, et leur « régularité » même les oblige à ne reconnaître que ce qui présente un caractère d'orthodoxie, fût-ce dans l'ordre exotérique. On est donc assuré par là que ceux qui veulent rapporter à des « sectes » ce qui concerne l'ésotérisme ou l'initiation font fausse route et ne peuvent que s'égarer ; point n'est besoin d'un plus ample examen pour écarter toute hypothèse de ce genre ; et, si l'on trouve dans quelques « sectes » des éléments qui paraissent être de nature ésotérique, il faut en conclure, non point qu'ils ont eu là leur origine, mais, tout au contraire, qu'ils y ont été détournés de leur véritable signification.

Cela étant, certaines difficultés apparentes se trouvent aussitôt résolues, ou, pour mieux dire, on s'aperçoit qu'elles sont inexistantes : ainsi, il n'y a point lieu de se demander quelle peut être la situation, par rapport à l'orthodoxie chrétienne entendue au sens ordinaire, d'une ligne de transmission en dehors de la « succession apostolique », comme celle dont il est question dans certaines versions de la légende du Graal ; s'il s'agit là d'une hiérarchie initiatique, la hiérarchie religieuse ne saurait en aucune façon être affectée par son existence, que d'ailleurs elle n'a point à connaître « officiellement », si l'on peut dire, puisqu'elle-même n'exerce de juridiction légitime que dans le domaine exotérique. De même, lorsqu'il est question d'une formule secrète en relation avec certains rites, il y a, disons-le franchement, une singulière naïveté à se demander si la perte ou l'omission de cette formule ne risque pas d'empêcher que la célébration de la messe puisse être regardée comme valable ; la messe, telle qu'elle est, est un rite religieux, et il s'agit là d'un rite initiatique ; chacun vaut dans son ordre, et, même si l'un et l'autre ont en commun un caractère « eucharistique », cela ne change rien à cette distinction essentielle, pas plus que le fait qu'un même symbole peut être interprété à la fois aux deux points de vue exotérique et ésotérique n'empêche ceux-ci d'être extrêmement distincts et de se rapporter à des domaines totalement différents ; quelles que puissent être parfois les ressemblances extérieures, qui s'expliquent d'ailleurs par certaines correspondances, la portée et le but des rites initiatiques sont tout autres que ceux des rites religieux. À plus forte raison, il n'y a pas à rechercher si la formule mystérieuse dont il s'agit ne pourrait pas être identifiée avec une formule en usage dans telle ou telle Église possédant un rituel plus ou moins spécial ; d'abord, tant qu'il s'agit d'Églises orthodoxes, les variantes du rituel sont tout à fait secondaires et ne peuvent aucunement porter sur quelque chose d'essentiel ; ensuite, ces divers rituels ne peuvent jamais être autres que religieux, et, comme tels, ils sont parfaitement équivalents, la considération de l'un ou de l'autre ne nous rapprochant pas davantage du point de vue initiatique ; que de recherches et de discussions inutiles on s'épargnerait si l'on était, avant toutes choses, bien fixé sur les principes !

Maintenant, que les écrits concernant la légende du Graal soient émanés, directement ou indirectement, d'une organisation initiatique, cela ne veut point dire qu'ils constituent un rituel d'initiation, comme certains l'ont supposé assez bizarrement ; et il est curieux de noter qu'on n'a jamais émis une semblable hypothèse, à notre connaissance du moins, pour des œuvres qui pourtant décrivent beaucoup plus manifestement un processus initiatique, comme *La Divine Comédie* ou *Le Roman de la Rose* ; il est bien évident que tous les écrits qui présentent un caractère ésotérique ne sont pas pour cela des rituels. M. Waite, qui rejette avec juste raison cette supposition, en fait ressortir les invraisemblances : tel est, notamment, le fait que le prétendu récipiendaire aurait une question à poser, au lieu d'avoir au contraire à répondre aux questions de l'initiateur, ainsi que cela a lieu généralement ; et nous pourrions ajouter que les divergences qui existent entre les différentes versions sont incompatibles avec le caractère d'un rituel, qui a nécessairement une forme fixe et bien définie ; mais en quoi tout cela empêche-t-il que la légende se rattache, à quelque autre titre, à ce que M. Waite appelle *Instituted Mysteries*, et que nous appelons plus simplement les organisations initiatiques ? C'est qu'il se fait de celles-ci une idée beaucoup trop étroite, et inexacte par plus d'un côté : d'une part, il semble les concevoir comme quelque chose de presque exclusivement « cérémoniel », ce qui, remarquons-le en passant, est une façon de voir assez typiquement anglo-saxonne ; d'autre part, suivant une erreur très répandue et sur laquelle nous avons déjà bien souvent insisté, il se les représente comme étant plus ou moins des « sociétés », alors que, si quelques-unes d'entre elles en sont arrivées à prendre une telle forme, ce n'est là que l'effet d'une sorte de dégénérescence toute moderne. Il a sans doute connu, par expérience directe, un bon nombre de ces associations pseudo-initiatiques qui pullulent de nos jours en Occident, et, s'il paraît en avoir été plutôt déçu, il n'en est pas moins demeuré, en un certain sens, influencé par ce qu'il y a vu : nous voulons dire que, faute de percevoir nettement la différence de l'initiation authentique et de la pseudo-initiation, il attribue à tort aux véritables organisations initiatiques des caractères comparables à ceux des contrefaçons avec lesquelles il s'est trouvé en contact ; et cette méprise entraîne encore d'autres conséquences, affectant directement, comme nous allons le voir, les conclusions positives de son étude.

Il est évident, en effet, que tout ce qui est d'ordre initiatique ne saurait en aucune façon rentrer dans un cadre aussi étroit que le serait celui de « sociétés » constituées à la manière moderne ; mais précisément, là où M. Waite ne retrouve plus rien qui ressemble de près ou de loin à ses « sociétés », il se perd, et il en arrive à admettre la supposition fantastique d'une initiation pouvant exister en dehors de toute organisation et de toute transmission régulière ; nous ne pouvons mieux faire ici que de renvoyer aux articles que nous avons consacrés précédemment à cette question[5]. C'est que, en dehors desdites « sociétés », il ne voit apparemment pas d'autre possibilité que celle d'une chose vague et indéfinie qu'il appelle « Église secrète » ou « Église intérieure », suivant des expressions empruntées à des mystiques tels qu'Eckartshausen et Lopoukine, et dans lesquelles le mot même d'« Église » indique qu'on se trouve, en réalité, ramené purement et simplement au point de vue religieux, fût-ce par quelqu'une de ces variétés plus ou moins aberrantes en lesquelles le mysticisme tend spontanément à se développer dès qu'il échappe au contrôle d'une orthodoxie rigoureuse. Effectivement, M. Waite est encore de ceux, malheureusement si nombreux aujourd'hui, qui, pour des raisons diverses, confondent mysticisme et initiation ; et il en arrive à parler en quelque sorte indifféremment de l'une ou de l'autre de ces deux choses, incompatibles entre elles, comme si elles étaient à peu près synonymes. Ce qu'il croit être l'initiation se résout, en définitive, en une simple « expérience mystique » ; et nous nous demandons même si, au fond, il ne conçoit pas cette « expérience » comme quelque chose de « psychologique », ce qui nous ramènerait encore à un niveau inférieur à celui du mysticisme entendu dans son sens propre, car les véritables états mystiques échappent déjà entièrement au domaine de la psychologie, en dépit de toutes les théories modernes du genre de celles dont le représentant le plus connu est William James. Quant aux états intérieurs dont la réalisation relève de l'ordre initiatique, ils ne sont ni des états psychologiques ni même des états mystiques ; ils sont quelque chose de beaucoup plus profond, et, en même temps, ils ne sont point de ces choses dont on ne peut dire ni d'où elles viennent ni ce qu'elles sont au juste, mais ils impliquent au contraire une connaissance exacte et une technique précise ; la sentimentalité et l'imagination n'ont plus ici la moindre part. Transposer les vérités de l'ordre religieux dans l'ordre initiatique, ce n'est point les dissoudre dans les nuées d'un « idéal » quelconque ; c'est au contraire en pénétrer le sens le plus profond et le plus « positif » tout à la fois, en écartant toutes les nuées qui arrêtent et bornent la vue intellectuelle de l'humanité ordinaire. À vrai dire, dans une conception comme celle de M. Waite, ce n'est pas de transposition qu'il s'agit, mais tout au plus, si l'on veut, d'une sorte de prolongement ou d'extension dans le sens « horizontal », puisque tout ce qui est mysticisme est inclus dans le domaine religieux et ne va pas au-delà ; et, pour aller effectivement au-delà, il faut autre chose que l'agrégation à une « Église » qualifiée d'« intérieure » surtout, à ce qu'il semble, parce qu'elle n'a qu'une existence simplement « idéale », ce qui, traduit en termes plus nets, revient à dire qu'elle n'est, en fait, qu'une organisation de rêve.

Là ne saurait être véritablement le « secret du Saint Graal », non plus d'ailleurs qu'aucun autre secret initiatique réel ; si l'on veut savoir où se trouve ce secret, il faut se reporter à la constitution très « positive » des centres spirituels, ainsi que nous l'avons indiqué assez explicitement dans notre étude sur *Le Roi du Monde*. Nous nous bornerons, à cet égard, à remarquer que M. Waite touche parfois à des choses dont la portée semble lui échapper : c'est ainsi qu'il lui arrive de parler, à diverses reprises, de choses « substituées », qui peuvent être des paroles ou des objets symboliques ; or ceci peut se référer, soit aux divers centres secondaires en tant qu'ils sont des images ou des reflets du Centre suprême, soit aux phases successives de l'« obscuration » qui se produit graduellement, en conformité avec les lois cycliques, dans la manifestation de ces mêmes centres par rapport au monde extérieur. D'ailleurs, le premier de ces deux cas rentre d'une certaine façon dans le second, car la constitution même des centres secondaires, correspondant aux formes traditionnelles particulières, quelles qu'elles soient, marque déjà un premier degré d'obscuration vis-à-vis de la Tradition primordiale ; en effet, le Centre suprême, dès lors, n'est plus en contact direct avec l'extérieur, et le lien n'est maintenu que par l'intermédiaire des centres secondaires. D'autre part, si l'un de ceux-ci vient à disparaître, on peut dire qu'il est en quelque sorte résorbé dans le Centre suprême, dont il n'était qu'une émanation ; ici encore, du reste, il y a des degrés à observer : il peut se faire qu'un tel centre devienne seulement plus caché et plus fermé, et ce fait peut être représenté par le même symbolisme que sa disparition complète, tout éloignement de l'extérieur étant en même temps, et dans une mesure équivalente, un retour vers le Principe. Nous voulons ici faire allusion au symbolisme de la disparition finale du Graal : que celui-ci ait été enlevé au Ciel, suivant certaines versions, ou qu'il ait été transporté dans le « Royaume du Prêtre Jean », suivant certaines autres, cela signifie exactement la même chose, ce dont M. Waite ne semble guère se douter[6]. Il s'agit toujours là de ce même retrait de l'extérieur vers l'intérieur, en raison de l'état du monde à une certaine époque, ou, pour parler plus exactement, de cette portion du monde qui est en rapport avec la forme traditionnelle considérée ; ce retrait ne s'applique d'ailleurs ici qu'au côté ésotérique de la tradition, le côté exotérique étant, dans le cas du Christianisme, demeuré sans changement apparent ; mais c'est précisément par le côté ésotérique que sont établis et maintenus les liens effectifs et conscients avec le Centre suprême. Que quelque chose en subsiste cependant, mais en quelque sorte invisiblement, tant que cette forme traditionnelle demeure vivante, cela doit être nécessairement ; s'il en était autrement, cela reviendrait à dire que l'« esprit » s'en est entièrement retiré et qu'il ne reste plus qu'un corps mort. Il est dit que le Graal ne fut plus vu comme auparavant, mais il n'est pas dit que personne ne le vit plus ; assurément, en principe, tout au moins, il est toujours présent pour ceux qui sont « qualifiés » ; mais, en fait, ceux-là sont devenus de plus en plus rares, au point de ne plus constituer qu'une infime exception ; et, depuis l'époque où l'on dit que les Rose-Croix se retirèrent en Asie, qu'on l'entende d'ailleurs littéralement ou symboliquement, quelles possibilités de parvenir à l'initiation effective peuvent-ils encore trouver ouvertes devant eux dans le monde occidental ?

CHAPITRE IX

LE SACRÉ-CŒUR ET LA LÉGENDE DU SAINT GRAAL

Dans un de ses derniers articles[1] M. Charbonneau-Lassay signale très justement, comme se rattachant à ce qu'on pourrait appeler la « préhistoire du Cœur Eucharistique de Jésus », la légende du Saint Graal, écrite au XIIe siècle, mais bien antérieure par ses origines, puisqu'elle est en réalité une adaptation chrétienne de très anciennes traditions celtiques. L'idée de ce rapprochement nous était déjà venue à l'occasion de l'article antérieur, extrêmement intéressant au point de vue où nous nous plaçons, intitulé *Le cœur humain et la notion du Cœur de Dieu dans la religion de l'ancienne Égypte*[2] et dont nous rappellerons le passage suivant : « Dans les hiéroglyphes, écriture sacrée où souvent l'image de la chose représente le mot même qui la désigne, le cœur ne fut cependant figuré que par un emblème : le *vase*. Le cœur de l'homme n'est-il pas en effet le vase où sa vie s'élabore continuellement avec son sang ? » C'est ce vase, pris comme symbole du cœur et se substituant à celui-ci dans l'idéographie égyptienne, qui nous avait fait penser immédiatement au Saint Graal, d'autant plus que dans ce dernier, outre le sens général du symbole (considéré d'ailleurs à la fois sous ses deux aspects divin et humain), nous voyons encore une relation spéciale et beaucoup plus directe avec le Cœur même du Christ.

En effet, le Saint Graal est la coupe qui contient le précieux sang du Christ, et qui le contient même deux fois, puisqu'elle servit d'abord à la Cène, et qu'ensuite Joseph d'Arimathie y recueillit le sang et l'eau qui s'échappaient de la blessure ouverte par la lance du centurion au flanc du Rédempteur. Cette coupe se substitue donc en quelque sorte au Cœur du Christ comme réceptacle de son sang, elle en prend pour ainsi dire la place et en devient comme un équivalent symbolique ; et n'est-il pas encore plus remarquable, dans ces conditions, que le vase ait été déjà anciennement un emblème du cœur ? D'ailleurs, la coupe, sous une forme ou sous une autre, joue, aussi bien que le cœur lui-même, un rôle fort important dans beaucoup de traditions antiques ; et sans doute en était-il ainsi notamment chez les Celtes, puisque c'est de ceux-ci qu'est venu ce qui constitua le fond même ou tout au moins la trame de la légende du Saint Graal. Il est regrettable qu'on ne puisse guère savoir avec précision quelle était la forme de cette tradition antérieurement au Christianisme, ainsi qu'il arrive du reste pour tout ce qui concerne les doctrines celtiques, pour lesquelles l'enseignement oral fut toujours l'unique mode de transmission usité ; mais il y a d'autre part assez de concordances pour qu'on puisse du moins être fixé sur le sens des principaux symboles qui y figuraient et c'est là ce qu'il y a en somme de plus essentiel.

Mais revenons à la légende sous la forme où elle nous est parvenue ; ce qu'elle dit de l'origine même du Graal est fort digne d'attention : cette coupe aurait été taillée par les anges dans une émeraude tombée du front de Lucifer lors de sa chute. Cette émeraude rappelle d'une façon frappante l'*urnâ*, la perle frontale qui, dans l'iconographie hindoue, tient souvent la place du troisième œil de *Shiva*, représentant ce qu'on peut appeler le « sens de l'éternité ». Ce rapprochement nous semble plus propre que tout autre à éclairer parfaitement le symbolisme du Graal ; et l'on peut même y saisir une relation de plus avec le cœur, qui est, pour la tradition hindoue comme pour bien d'autres, mais peut-être plus nettement encore, le centre de l'être intégral, et auquel, par conséquent, ce « sens de l'éternité » doit être directement rattaché.

Il est dit ensuite que le Graal fut confié à Adam dans le Paradis terrestre, mais que, lors de sa chute, Adam le perdit à son tour, car il ne put l'emporter avec lui lorsqu'il fut chassé de l'Éden ; et cela encore devient fort clair avec le sens que nous venons d'indiquer. L'homme, écarté de son centre originel par sa propre faute, se trouvait désormais enfermé dans la sphère temporelle ; il ne pouvait plus rejoindre le point unique d'où toutes choses sont contemplées sous l'aspect de l'éternité. Le Paradis terrestre, en effet, était véritablement le « Centre du Monde », partout assimilé symboliquement au Cœur divin ; et ne peut-on dire qu'Adam, tant qu'il fut dans l'Éden, vivait vraiment dans le Cœur de Dieu ?

Ce qui suit est plus énigmatique : Seth obtint de rentrer dans le Paradis terrestre et put ainsi recouvrer le précieux vase ; or, Seth est une des figures du Rédempteur, d'autant plus que son nom même exprime les idées de fondement, de stabilité, et annonce en quelque façon la restauration de l'ordre primordial détruit par la chute de l'homme. Il y avait donc dès lors tout au moins une restauration partielle, en ce sens que Seth et ceux qui après lui possédèrent le Graal pouvaient par là même établir, quelque part sur la terre, un centre spirituel qui était comme une image du Paradis perdu. La légende, d'ailleurs, ne dit pas où ni par qui le Graal fut conservé jusqu'à l'époque du Christ, ni comment fut assurée sa transmission ; mais l'origine celtique qu'on lui reconnaît doit probablement laisser entendre que les Druides y eurent une part et doivent être comptés parmi les conservateurs réguliers de la Tradition primordiale. En tout cas, l'existence d'un tel centre spirituel, ou même de plusieurs, simultanément ou successivement, ne paraît pas pouvoir être mise en doute, quoi qu'il faille penser de leur localisation ; ce qui est à noter, c'est qu'on attacha partout et toujours à ces centres, entre autres désignations, celle de « Cœur du Monde », et que, dans toutes les traditions, les descriptions qui s'y rapportent sont basées sur un symbolisme identique, qu'il est possible de suivre jusque dans les détails les plus précis. Cela ne montre-t-il pas suffisamment que le Graal, ou ce qui est ainsi représenté, avait déjà, antérieurement au Christianisme, et même de tout temps, un lien des plus étroits avec le Cœur divin et avec l'*Emmanuel*, nous voulons dire avec la manifestation, virtuelle ou réelle selon les âges, mais toujours présente, du Verbe éternel au sein de l'humanité terrestre ?

Après la mort du Christ, le Saint Graal fut, d'après la légende, transporté en Grande-Bretagne par Joseph d'Arimathie et Nicodème ; alors commence à se dérouler l'histoire des Chevaliers de la Table Ronde et de leurs exploits, que nous n'entendons pas suivre ici. La Table Ronde était destinée à recevoir le Graal lorsqu'un des Chevaliers serait parvenu à le conquérir et l'aurait apporté de Grande-Bretagne en Armorique ; et cette table est aussi un symbole vraisemblablement très ancien, un de ceux qui furent associés à l'idée de ces centres spirituels auxquels nous venons de faire allusion. La forme circulaire de la table est d'ailleurs liée au « cycle zodiacal » (encore un symbole qui mériterait d'être étudié plus spécialement) par la présence autour d'elle de douze personnages principaux, particularité qui se retrouve dans la constitution de tous les centres dont il s'agit. Cela étant, ne peut-on voir dans le nombre des douze Apôtres une marque, parmi une multitude d'autres, de la parfaite conformité du Christianisme avec la Tradition primordiale, à laquelle le nom de « préchristianisme » conviendrait si exactement ? Et d'autre part, à propos de la Table Ronde, nous avons remarqué une étrange concordance dans les révélations symboliques faites à Marie des Vallées (voir *Regnabit*, novembre 1924), et où est mentionnée « une table ronde de jaspe, qui représente le Cœur de Notre-Seigneur », en même temps qu'il y est question d'« un jardin qui est le Saint Sacrement de l'autel », et qui, avec ses « quatre fontaines d'eau vive », s'identifie mystérieusement au Paradis terrestre ; n'est-ce pas là encore une confirmation assez étonnante et inattendue des rapports que nous signalions plus haut ?

Naturellement, ces notes trop rapides ne sauraient avoir la prétention de constituer une étude complète sur une question aussi peu connue ; nous devons nous borner pour le moment à donner de simples indications, et nous nous rendons bien compte qu'il y a là des considérations qui, au premier abord, sont susceptibles de surprendre quelque peu ceux qui ne sont pas familiarisés avec les traditions antiques et avec leurs modes habituels d'expression symbolique ; mais nous nous réservons de les développer et de les justifier plus amplement par la suite, dans des articles où nous pensons pouvoir aborder également bien d'autres points qui ne sont pas moins dignes d'intérêt.

En attendant, nous mentionnerons encore, en ce qui concerne la légende du Saint Graal, une étrange complication dont nous n'avons pas tenu compte jusqu'ici : par une de ces assimilations verbales qui jouent souvent dans le symbolisme un rôle non négligeable, et qui d'ailleurs ont peut-être des raisons plus profondes qu'on ne se l'imaginerait à première vue, le Graal est à la fois un vase (*grasale*) et un livre (*gradale* ou *graduale*). Dans certaines versions, les deux sens se trouvent même étroitement rapprochés, car le livre devient alors une inscription tracée par le Christ ou par un ange sur la coupe elle-même. Nous n'entendons actuellement tirer de là aucune conclusion, bien qu'il y ait des rapprochements faciles à faire avec le « Livre de Vie » et avec certains éléments du symbolisme apocalyptique.

Ajoutons aussi que la légende associe au Graal d'autres objets, et notamment une lance, qui, dans l'adaptation chrétienne, n'est autre que la lance du centurion Longin ; mais ce qui est bien curieux, c'est la préexistence de cette lance ou de quelqu'un de ses équivalents comme symbole en quelque sorte complémentaire de la coupe dans les traditions anciennes. D'autre part, chez les Grecs, la lance d'Achille passait pour guérir les blessures qu'elle avait causées ; la légende médiévale attribue précisément la même vertu à la lance de la Passion. Et ceci nous rappelle une autre similitude du même genre : dans le mythe d'Adonis (dont le nom, du reste, signifie « le Seigneur »), lorsque le héros est frappé mortellement par le boutoir d'un sanglier (remplaçant ici la lance), son sang, en se répandant à terre, donne naissance à une fleur ; or, M. Charbonneau a signalé « un fer à hosties, du XIIe siècle, où l'on voit le sang des plaies du Crucifié tomber en gouttelettes qui se transforment en roses, et le vitrail du XIIIe siècle de la cathédrale d'Angers où le sang divin, coulant en ruisseaux, s'épanouit aussi sous forme de roses[3] ». Nous aurons tout à l'heure à reparler du symbolisme floral, envisagé sous un aspect quelque peu différent ; mais, quelle que soit la multiplicité des sens que présentent presque tous les symboles, tout cela se complète et s'harmonise parfaitement, et cette multiplicité même, loin d'être un inconvénient ou un défaut, est au contraire, pour qui sait la comprendre, un des avantages principaux d'un langage beaucoup moins étroitement limité que le langage ordinaire.

Pour terminer ces notes, nous indiquerons quelques symboles qui, dans diverses traditions, se substituent parfois à celui de la coupe, et qui lui sont identiques au fond ; ce n'est pas là sortir de notre sujet, car le Graal lui-même, comme on peut facilement s'en rendre compte par tout ce que nous venons de dire, n'a pas à l'origine une autre signification que celle qu'a généralement le vase sacré partout où il se rencontre, et qu'a notamment, en Orient, la coupe sacrificielle contenant le *Soma* védique (ou le *Haoma* mazdéen), cette extraordinaire « préfiguration » eucharistique sur laquelle nous reviendrons peut-être en quelque autre occasion. Ce que figure proprement le *Soma*, c'est le « breuvage d'immortalité » (l'*Amritâ* des Hindous, l'*Ambroisie* des Grecs, deux mots étymologiquement semblables), qui confère ou restitue à ceux qui le reçoivent avec les dispositions requises, ce « sens de l'éternité » dont il a été question précédemment.

Un des symboles dont nous voulons parler est le triangle dont la pointe est dirigée vers le bas ; c'est comme une sorte de représentation schématique de la coupe sacrificielle, et il se rencontre à ce titre dans certains *yantras* ou symboles géométriques de l'Inde. D'autre part, ce qui est très remarquable à notre point de vue, c'est que la même figure est également un symbole du cœur, dont elle reproduit d'ailleurs la forme en la simplifiant ; le « triangle du cœur » est une expression courante dans les traditions orientales. Cela nous amène à une observation qui a aussi son intérêt : c'est que la figuration du cœur inscrit dans un triangle ainsi disposé n'a en soi rien que de très légitime, qu'il s'agisse du cœur humain ou du Cœur divin, et qu'elle est même assez significative quand on la rapporte aux emblèmes usités par certain hermétisme chrétien du moyen âge, dont les intentions furent toujours pleinement orthodoxes. Si l'on a voulu parfois, dans les temps modernes, attacher à une telle représentation un sens blasphématoire[4], c'est qu'on a, consciemment ou non, altéré la signification première des symboles, jusqu'à renverser leur valeur normale ; il y a là un phénomène dont on pourrait citer maints exemples, et qui trouve d'ailleurs son explication dans le fait que certains symboles sont effectivement susceptibles d'une double interprétation et ont comme deux faces opposées. Le serpent, par exemple, et aussi le lion, ne signifient-ils pas à la fois, et suivant les cas, le Christ et Satan ? Nous ne pouvons songer à exposer ici à ce sujet une théorie générale qui nous entraînerait bien loin ; mais on comprendra qu'il y a là quelque chose qui rend très délicat le maniement des symboles, et aussi que ce point requiert une attention toute spéciale lorsqu'il s'agit de découvrir le sens réel de certains emblèmes et de les traduire correctement.

Un autre symbole qui équivaut fréquemment à celui de la coupe, c'est un symbole floral : la fleur, en effet, n'évoque-t-elle pas par sa forme l'idée d'un « réceptacle », et ne parle-t-on pas du « calice » d'une fleur ? En Orient, la fleur symbolique par excellence est le lotus ; en Occident, c'est le plus souvent la rose qui joue le même rôle. Bien entendu, nous ne voulons pas dire que ce soit là l'unique signification de cette dernière, non plus que du lotus, puisque, au contraire, nous en indiquions nous-même une autre précédemment ; mais nous la verrions volontiers dans le dessin brodé sur ce canon d'autel de l'abbaye de Fontevrault[5] où la rose est placée au pied d'une lance le long de laquelle pleuvent des gouttes de sang. Cette rose apparaît là associée à la lance exactement comme la coupe l'est ailleurs, et elle semble bien recueillir les gouttes de sang plutôt que provenir de la transformation de l'une d'elles ; mais, du reste, les deux significations se complètent bien plus qu'elles ne s'opposent, car ces gouttes, en tombant sur la rose, la vivifient et la font s'épanouir. C'est la « rosée céleste », suivant la figure si souvent employée en relation avec l'idée de la Rédemption, ou avec les idées connexes de régénération et de résurrection ; mais cela encore demanderait de longues explications, quand bien même nous nous bornerions à faire ressortir la concordance des différentes traditions à l'égard de cet autre symbole.

D'autre part, puisqu'il a été question ici de la Rose-Croix à propos du sceau de Luther[6], nous dirons que cet emblème hermétique fut d'abord spécifiquement chrétien, quelles que soient les fausses interprétations plus ou moins « naturalistes » qui en ont été données à partir du XVIIe siècle ; et n'est-il pas remarquable que la rose y occupe, au centre de la croix, la place même du Sacré-Cœur ? En dehors des représentations où les cinq plaies du Crucifié sont figurées par autant de roses, la rose centrale, lorsqu'elle est seule, peut fort bien s'identifier au Cœur lui-même, au vase qui contient le sang, qui est le centre de la vie et aussi le centre de l'être tout entier.

Il y a encore au moins un autre équivalent symbolique de la coupe : c'est le croissant lunaire ; mais celui-ci, pour être convenablement expliqué, exigerait des développements qui seraient tout à fait en dehors du sujet de la présente étude ; nous ne le mentionnons donc que pour ne négliger entièrement aucun côté de la question.

De tous les rapprochements que nous venons de signaler, nous tirerons déjà une conséquence que nous espérons pouvoir rendre encore plus manifeste par la suite : lorsqu'on trouve partout de telles concordances, n'y a-t-il pas là plus qu'un simple indice de l'existence d'une Tradition primordiale ? Et comment expliquer que, le plus souvent, ceux mêmes qui se croient obligés d'admettre en principe cette Tradition primordiale n'y pensent plus ensuite et raisonnent en fait exactement comme si elle n'avait jamais existé, ou tout au moins comme si rien ne s'en était conservé au cours des siècles ? Si l'on veut bien réfléchir à ce qu'il y a d'anormal dans une telle attitude, on sera peut-être moins disposé à s'étonner de certaines considérations, qui, à la vérité, ne paraissent étranges qu'en vertu des habitudes mentales propres à notre époque. D'ailleurs, il suffit de chercher un peu, à la condition de n'y apporter aucun parti pris, pour découvrir de tous côtés les marques de cette unité doctrinale essentielle, dont la conscience a pu parfois s'obscurcir dans l'humanité, mais qui n'a jamais entièrement disparu ; et, à mesure qu'on avance dans cette recherche, les points de comparaison se multiplient comme d'eux-mêmes et des preuves nouvelles apparaissent à chaque instant ; certes, le *Quærite et invenietis* de l'Évangile n'est pas un vain mot.

1. Éditions Traditionnelles, Paris, 1952.

2. 3 ^{e} édition, Paris, 1950, p. 32.

3. « Le Christ prêtre et roi », article publié dans la revue *Le Christ-Roi*.

4. *La Crise du Monde moderne*, chap. V. Cf. un passage parallèle dans *L'Erreur Spirite*, Seconde Partie, chap. I.

5. *Loc. cit.*, p. 76.

6. *Loc. cit.*, p. 77-78.

7. *La Métaphysique orientale*, 3e édition, 1951, p. 14.

8. Un des témoignages les plus importants qui soient parvenus jusqu'à nous de l'existence au moyen âge de telles doctrines, est l'œuvre de Maître Eckhart. Elles avaient assurément leur équivalent dans la Chrétienté orientale.

9. *Matth.*, XV, 18.

10. *Jean*, XXI, 20-23.

1. « Les "racines des plantes" », dans le n° de septembre 1946 des *Études Traditionnelles*.

2. Cela importe même d'autant plus que nous avons vu un orientaliste qualifier de « langue liturgique » l'arabe, qui est en réalité une langue sacrée, avec l'intention dissimulée, mais pourtant assez claire pour qui sait comprendre, de déprécier la tradition islamique ; et ceci n'est pas sans rapport avec le fait que ce même orientaliste a mené dans les pays de langue arabe, d'ailleurs sans succès, une véritable campagne pour l'adoption de l'écriture en caractères latins.

3. Nous préférons dire ici « langue fixée » plutôt que « langue morte » comme on a l'habitude de le faire, car, tant qu'une langue est employée à des usages rituels, on ne peut dire, au point de vue traditionnel, qu'elle soit réellement morte.

4. Nous disons liturgique ou rituelle parce que le premier de ces deux mots ne s'applique proprement qu'aux formes religieuses, tandis que le second a une signification tout à fait générale et qui convient également à toutes les traditions.

5. Notamment le syriaque, le copte et le vieux slave, en usage dans diverses Églises orientales.

6. Il est bien entendu que nous n'avons en vue que les branches régulières et orthodoxes du Christianisme ; le Protestantisme sous toutes ses formes, ne faisant usage que des langues vulgaires, n'a plus par là même de liturgie à proprement parler.

7. Le fait que nous ne connaissons pas de Livres sacrés écrits dans ces langues ne permet pas d'écarter absolument cette supposition, car il y a certainement eu dans l'antiquité bien des choses qui ne nous sont pas parvenues ; il est des questions qu'il serait assurément bien difficile de résoudre actuellement, comme par exemple, en ce qui concerne la

tradition romaine, celle du véritable caractère des Livres sibyllins, ainsi que de la langue dans laquelle ils étaient rédigés.

8. La version des Septante et la Vulgate.

9. Cette simple remarque au sujet de la transmission orale devrait suffire à réduire à néant toutes les discussions des « critiques » sur la date prétendue des Évangiles, et elle suffirait en effet si les défenseurs du Christianisme n'étaient eux-mêmes plus ou moins affectés par l'esprit antitraditionnel du monde moderne.

10. Cet état de choses n'est pas sans favoriser les attaques des « exégètes » modernistes ; même s'il existait des textes en langue sacrée, cela ne les empêcherait sans doute pas de discuter en profanes qu'ils sont, mais du moins serait-il alors plus facile, pour tous ceux qui gardent encore quelque chose de l'esprit traditionnel, de ne pas se croire obligés de tenir compte de leurs prétentions.

11. Cela est particulièrement visible pour les langues sacrées où les caractères ont une valeur numérique ou proprement hiéroglyphique, qui a souvent une grande importance à ce point de vue, et dont une traduction quelconque ne laisse évidemment rien subsister.

12. On pourrait dire, en se servant d'un terme emprunté à la tradition islamique, que le Christianisme n'a pas de *shariyah* ; cela est d'autant plus remarquable que, dans la filiation traditionnelle qu'on peut appeler « abrahamique », il se situe entre le Judaïsme et l'Islamisme, qui ont au contraire l'un et l'autre une *shariyah* fort développée.

13. Ou, peut-être faudrait-il plutôt dire, à la partie de la doctrine qui est demeurée généralement connue jusqu'à nos jours ; celle-là n'a certainement pas changé, mais il se peut qu'en outre il y ait eu d'autres enseignements, et certaines allusions des Pères de l'Église ne semblent même guère pouvoir se comprendre autrement ; les efforts faits par les modernes pour amoindrir la portée de ces allusions ne prouvent en somme que les limitations de leur propre mentalité.

14. L'étude de ces questions amènerait aussi à soulever celle des rapports du Christianisme primitif avec l'Essénianisme, qui est d'ailleurs assez mal connu, mais dont on sait tout au moins qu'il constituait une

organisation ésotérique rattachée au Judaïsme ; on a dit là-dessus bien des choses fantaisistes, mais c'est encore là un point qui mériterait d'être examiné sérieusement.

1. Nous n'avons pu nous défendre de quelque étonnement en voyant que certains ont trouvé que les *Aperçus sur l'Initiation* touchaient davantage et plus directement au Christianisme que nos autres ouvrages ; nous pouvons les assurer que, là aussi bien qu'ailleurs, nous n'avons entendu en parler que dans la mesure où cela était strictement nécessaire pour la compréhension de notre exposé, et, si l'on peut dire, en fonction des différentes questions que nous avions à traiter au cours de celui-ci. Ce qui n'est guère moins étonnant, c'est que des lecteurs qui assurent pourtant avoir suivi attentivement et constamment tout ce que nous avons écrit aient cru trouver dans ce livre quelque chose de nouveau à cet égard, alors que, sur tous les points qu'ils nous ont signalés, nous n'avons fait au contraire qu'y reproduire purement et simplement des considérations que nous avions déjà développées dans quelques-uns de nos articles parus précédemment dans *Le Voile d'Isis* et *Études Traditionnelles*.

2. Nous avons eu souvent l'occasion de constater notamment cette façon de procéder dans l'interprétation actuelle des Pères de l'Église, et plus particulièrement des Pères grecs : on s'efforce, autant qu'on le peut, de soutenir que c'est à tort qu'on voudrait voir chez eux des allusions ésotériques, et, quand la chose devient tout à fait impossible, on n'hésite pas à leur en faire grief et à déclarer qu'il y eut là de leur part une regrettable faiblesse !

3. Voir A. K. Coomaraswamy : « L'ordination bouddhique est-elle une initiation ? », dans le n° de juillet 1939 des *Études Traditionnelles*.

4. C'est cette extension illégitime qui donna lieu ultérieurement, dans le Bouddhisme indien, à certaines déviations telles que la négation des castes : le Bouddha n'avait pas à tenir compte de celles-ci à l'intérieur d'une organisation fermée dont les membres devaient, en principe tout au moins, être au-delà de leur distinction ; mais vouloir supprimer cette même distinction dans le milieu social tout entier constituait une hérésie formelle au point de vue de la tradition hindoue.

5. Nous ferons remarquer incidemment que ceci aurait notamment pour conséquence d'interdire aux influences spirituelles la production d'effets concernant simplement l'ordre corporel, comme les guérisons miraculeuses par exemple.

6. Si l'action du Saint-Esprit ne s'exerçait que dans le domaine ésotérique, parce qu'il est le seul vraiment transcendant, nous demanderons aussi à nos contradicteurs, qui sont catholiques, ce qu'il faudrait penser de la doctrine suivant laquelle il intervient dans la formulation des dogmes les plus évidemment exotériques.

7. Il est bien entendu que, en parlant du monde occidental dans son ensemble, nous faisons exception pour une élite qui non seulement comprenait encore sa propre tradition au point de vue extérieur, mais qui, en outre, continuait de recevoir l'initiation aux mystères ; la tradition aurait pu ainsi se maintenir encore plus ou moins longtemps dans un milieu de plus en plus restreint, mais cela est en dehors de la question que nous envisageons présentement, puisque c'est de la généralité des Occidentaux qu'il s'agit et que c'est pour celle-ci que le Christianisme dut venir remplacer les anciennes formes traditionnelles au moment où elles se réduisaient pour elle à n'être plus que des « superstitions » au sens étymologique de ce mot.

8. Sous ce rapport, on pourrait dire que le passage de l'ésotérisme à l'exotérisme constituait ici un véritable « sacrifice », ce qui est d'ailleurs vrai de toute descente de l'esprit.

9. En même temps, la « conversion » de Constantin impliquait la reconnaissance, par un acte en quelque sorte officiel de l'autorité impériale, du fait que la tradition gréco-romaine devait désormais être considérée comme éteinte, bien que naturellement il en ait subsisté encore assez longtemps des restes qui ne pouvaient qu'aller en dégénérant de plus en plus avant de disparaître définitivement, et qui sont ce qui fut désigné un peu plus tard par le terme méprisant de « paganisme ».

10. Nous avons fait remarquer ailleurs que la confusion entre ces deux domaines est une des causes qui donnent le plus fréquemment naissance à des « sectes » hétérodoxes, et il n'est pas douteux qu'en fait, parmi les anciennes hérésies chrétiennes, il en est un certain nombre qui

n'eurent pas d'autre origine que celle-là ; on s'explique d'autant mieux par là les précautions qui furent prises pour éviter cette confusion dans la mesure du possible, et dont on ne saurait aucunement contester l'efficacité à cet égard, même si, à un tout autre point de vue, on est tenté de regretter qu'elles aient eu pour effet secondaire d'apporter à une étude approfondie et complète du Christianisme des difficultés presque insurmontables.

11. Même si l'on admettait, ce qui n'est pas notre cas, les prétendues conclusions de la « critique » moderne, qui, avec des intentions trop manifestement antitraditionnelles, s'efforce d'attribuer à ces écrits des dates aussi « tardives » que possible, ils seraient certainement encore antérieurs à la transformation dont nous parlons ici.

12. Nous n'entendons pas parler des abus auxquels cette sorte de restriction ou de « minimisation » a pu parfois donner lieu, mais des nécessités réelles d'une adaptation à un milieu social comprenant des individus aussi différents et inégaux que possible quant à leur niveau spirituel, et auxquels un exotérisme doit cependant s'adresser au même titre et sans aucune exception.

13. Cette pratique exotérique pourrait se définir comme un minimum nécessaire et suffisant pour assurer le « salut », car c'est là le but unique auquel elle est effectivement destinée.

14. En disant ici rites d'initiation, nous entendons par là ceux qui ont proprement pour but la communication même de l'influence initiatique ; il va de soi que, en dehors de ceux-là, il peut exister d'autres rites initiatiques, c'est-à-dire réservés à une élite ayant déjà reçu l'initiation : ainsi, par exemple, on peut penser que l'Eucharistie fut primitivement un rite initiatique en ce sens, mais non pas un rite d'initiation.

15. À la suite de l'article sur l'ordination bouddhique que nous avons mentionné précédemment, nous posâmes à A. K. Coomaraswamy une question à ce sujet ; il nous confirma que cette ordination n'était jamais conférée qu'en présence des seuls membres du *Sangha*, composé uniquement de ceux qui eux-mêmes l'avaient reçue, à l'exclusion non seulement des étrangers au Bouddhisme, mais aussi des adhérents « laïques », qui n'étaient en somme que des associés « de l'extérieur ».

16. Nous craignons fort, à vrai dire, que ce ne soit là, chez beaucoup, le principal motif qui les pousse à vouloir se persuader que les rites chrétiens ont gardé une valeur initiatique ; au fond, ils voudraient se dispenser de tout rattachement initiatique régulier et pouvoir néanmoins prétendre à obtenir des résultats de cet ordre ; même s'ils admettent que ces résultats ne peuvent être qu'exceptionnels dans les conditions présentes, chacun se croit volontiers destiné à être parmi les exceptions ; il va sans dire qu'il n'y a là qu'une déplorable illusion.

17. Nous ne voulons pas dire que certaines formes d'initiation chrétienne ne se soient pas continuées plus tard, puisque nous avons même des raisons de penser qu'il en subsiste encore quelque chose actuellement, mais cela dans des milieux tellement restreints que, en fait, on peut les considérer comme pratiquement inaccessibles, ou bien, comme nous allons le dire, dans des branches du Christianisme autres que l'Église latine.

18. Une remarque intéressante à ce propos est que cette invocation est désignée en grec par le terme *mnêmê*, « mémoire » ou « souvenir », qui est ici exactement l'équivalent de l'arabe *dhikr*.

19. Il est à noter que, parmi les interprètes modernes de l'hésychasme, il en est beaucoup qui s'efforcent de « minimiser » l'importance de son côté proprement « technique », soit parce que cela répond réellement à leurs tendances, soit parce qu'ils pensent se débarrasser ainsi de certaines critiques qui procèdent d'une méconnaissance complète des choses initiatiques ; c'est là, dans tous les cas, un exemple de ces amoindrissements dont nous parlions tout à l'heure.

1. Voir nos articles sur « Le Cœur du Monde dans la Kabbale hébraïque » et « La Terre Sainte et le Cœur du monde », dans la revue *Regnabit*, juillet-août et septembre-octobre 1926. Voir aussi le chapitre IV du *Symbolisme de la Croix*.

2. Il est bon de noter que les expressions qui sont employées ici évoquent l'assimilation qui a été fréquemment établie entre la construction du Temple, envisagée dans sa signification idéale, et le « Grand Œuvre » des hermétistes.

3. *La Kabbale juive*, Paris, 1923, t. I, p. 509.

4. *Ibid.*, t. II, p. 116.

5. *Ibid.*, t. I, p. 501.

6. Voir notre article sur « Les Pierres de foudre », dans *Le Voile d'Isis* de mai 1929.

7. *Kêmi*, en langue égyptienne, signifie « terre noire », désignation dont l'équivalent se retrouve aussi chez d'autres peuples ; de ce mot est venu celui d'*alchimie* (*al* n'étant que l'article en arabe), qui désignait originairement la science hermétique, c'est-à-dire la science sacerdotale de l'Égypte.

8. *Isis et Osiris*, 33 ; traduction Mario Meunier, Paris, 1924, p. 116.

9. *Ibid.*, 32, p. 112. – Dans l'Inde, c'est au contraire le Midi qui est désigné comme le « côté de la droite » (*dakshina*) ; mais, en dépit des apparences, cela revient au même, car il faut entendre par là le côté qu'on a à sa droite quand on se tourne vers l'Orient, et il est facile de se représenter le côté gauche du monde comme s'étendant vers la droite de celui qui le contemple, et inversement, ainsi que cela a lieu pour deux personnes placées l'une en face de l'autre.

10. *Ibid.*, 10, p. 49. – On remarquera que ce symbole, avec la signification qui lui est donnée ici, semble pouvoir être rapproché de celui du phénix.

11. Cette source est identique à la « fontaine d'enseignement » à laquelle nous avons eu l'occasion de faire différentes allusions.

12. C'est pourquoi la « fontaine d'enseignement » est en même temps la « fontaine de jouvence » (*fons juventutis*), parce que celui qui y boit est affranchi de la condition temporelle ; elle est d'ailleurs située au pied de l'« Arbre de Vie » (voir ci-après notre étude sur « Le Langage secret de Dante et des "Fidèles d'Amour" »), et ses eaux s'identifient évidemment à l'« élixir de longue vie » des hermétistes (l'idée de « longévité » ayant ici la même signification que dans les traditions orientales) ou au « breuvage d'immortalité » dont il est partout question sous des noms divers.

13. Voir notre article sur « La triple enceinte druidique », dans *Le Voile d'Isis* de juin 1929 ; nous y avons signalé précisément le rapport de cette figure, sous ses deux formes circulaire et carrée, avec le symbolisme du « Paradis terrestre » et de la « Jérusalem céleste ».

14. Le labyrinthe crétois était le palais de Minos, nom identique à celui de Manu, donc désignant le Législateur primordial. D'autre part, on peut comprendre, par ce que nous disons ici, la raison pour laquelle le parcours du labyrinthe tracé sur le dallage de certaines églises, au moyen âge, était regardé comme remplaçant le pèlerinage en Terre Sainte pour ceux qui ne pouvaient l'accomplir ; il faut se souvenir que le pèlerinage est précisément une des figures de l'initiation, de sorte que le « pèlerinage en Terre Sainte » est, au sens ésotérique, la même chose que la « recherche de la Parole perdue » ou la « queste du Saint Graal ».

15. Analogiquement, au point de vue cosmogonique, le « Centre du Monde » est le point originel d'où est proféré le Verbe créateur, et il est aussi le Verbe lui-même.

16. Il importe de se rappeler, à ce propos, que, dans toutes les traditions, les lieux symbolisent essentiellement des états. D'autre part, nous ferons remarquer qu'il y a une parenté évidente entre le symbole du vase ou de la coupe et celui de la fontaine dont il a été question plus haut ; on a vu aussi que, chez les Égyptiens, le vase était l'hiéroglyphe du cœur, centre vital de l'être. Rappelons enfin ce que nous avons déjà dit en d'autres occasions au sujet du vin comme substitut du *soma* védique et comme symbole de la doctrine cachée ; en tout cela, sous une forme ou

sous une autre, il s'agit toujours du « breuvage d'immortalité » et de la restauration de l'« état primordial ».

17. Saint-Yves d'Alveydre emploie, pour désigner les « gardiens » du Centre suprême, l'expression de « Templiers de l'Agarttha » ; les considérations que nous exposons ici feront voir la justesse de ce terme, dont lui-même n'avait peut-être pas saisi pleinement toute la signification.

18. Voir plus loin le chap. V : « Le Langage secret de Dante et des "Fidèles d'Amour" ».

19. Ceci se rapporte à ce qu'on a appelé symboliquement le « don des langues » ; sur ce sujet, nous renverrons à notre article contenu dans le numéro spécial du *Voile d'Isis* consacré aux Rose-Croix, et devenu le chapitre XXXVII des *Aperçus sur l'Initiation*.

1. Roma, Biblioteca di Filosofia e Scienza, Casa editrice « Optima », 1928.

2. Cet arbre, chez les « Fidèles d'Amour », est généralement un pin, un hêtre ou un laurier ; l'« Arbre de Vie » est représenté souvent par des arbres qui demeurent toujours verts.

3. Les « Fidèles d'Amour » étaient divisés en sept degrés (p. 64) ; ce sont les sept échelons de l'échelle initiatique, en correspondance avec les sept cieux planétaires et avec les sept arts libéraux. Les expressions « terzo cielo » (ciel de Vénus), « terzo loco » (à comparer avec le terme maçonnique de « troisième appartement ») et « terzo grado » indiquent le troisième degré de la hiérarchie, dans lequel était reçu le *saluto* (ou la *salute*) ; ce rite avait lieu, semble-t-il, à l'époque de la Toussaint, de même que les initiations à celle de Pâques, où se situe l'action de *La Divine Comédie* (p. 185-186).

4. Il n'en est pas de même, quoique certains puissent en penser, de « jargon » (*gergo*), qui, comme nous l'indiquions (*Le Voile d'Isis*, oct. 1928, p. 652), fut un terme « technique » avant de passer dans le langage vulgaire où il a pris un sens défavorable. Faisons remarquer, à cette occasion, que le mot « profane » aussi est toujours pris par nous dans son sens technique, qui, bien entendu, n'a rien d'injurieux.

5. À titre de curiosité, si on écrit cette simple phrase : « *In Italia è Roma* », et si on la lit en sens inverse, elle devient : « *Amore ai Latini* » ; le « hasard » est parfois d'une surprenante ingéniosité !

6. Il faut croire qu'il est bien difficile de ne pas se laisser affecter par l'esprit de l'époque : ainsi, la qualification de certains livres bibliques comme « *pseudo-salomonici* » et « *mistico-platonici* » (p. 80) nous apparaît comme une fâcheuse concession à l'exégèse moderne, c'est-à-dire à cette même « critique positive » contre laquelle l'auteur s'élève avec tant de raison.

7. La tête de Méduse, qui change les hommes en « pierres » (mot qui joue un rôle très important dans le langage des « Fidèles d'Amour »), représente la corruption de la Sagesse ; ses cheveux (symbolisant les mystères divins suivant les Soufis) deviennent des serpents, pris naturellement au sens défavorable, car, dans l'autre sens, le serpent est aussi un symbole de la Sagesse elle-même.

8. L'expression proverbiale « boire comme un Templier », prise par le vulgaire dans le sens le plus grossièrement littéral, n'a sans doute pas d'autre origine réelle : le « vin » que buvaient les Templiers était le même que celui que buvaient les Kabbalistes juifs et les Soufis musulmans. De même, l'autre expression « jurer comme un Templier » n'est qu'une allusion au serment initiatique, détournée de sa véritable signification par l'incompréhension et la malveillance profanes. – Pour mieux comprendre ce que dit l'auteur dans le texte, on observera que le vin au sens ordinaire n'est pas une boisson permise en Islam ; quand on en parle donc, dans l'ésotérisme islamique, il doit être entendu comme désignant quelque chose de plus subtil, et, effectivement, selon l'enseignement de Mohyiddin ibn Arabi, le « vin » désigne la « science des états spirituels » (*ilmu-l-ahwâl*), alors que l'« eau » représente la « science absolue » (*al-ilmu-l-mutlaq*), le « lait », la « science des lois révélées » (*ilmu-ch-charây'i*) et le « miel » la « science des normes sapientiales » (*ilmu-n-nawâmîs*). Si l'on remarque en outre que ces quatre « breuvages » sont exactement les substances des quatre sortes de fleuves paradisiaques selon le Coran 47, 17, on se rendra compte que le « vin » des Soufis a, comme leurs autres boissons initiatiques, une autre substantialité que celle du liquide connu qui lui sert de symbole. (Note de M. VÂLSAN.)

9. L'« Intellect actif », représenté par *Madonna*, est le « rayon céleste » qui constitue le lien entre Dieu et l'homme et qui conduit l'homme à Dieu (p. 54) : c'est la *Buddhi* hindoue. Il faudrait d'ailleurs prendre garde que « Sagesse » et « Intelligence » ne sont pas strictement identiques ; il y a là deux aspects complémentaires à distinguer (*Hokmah* et *Binah* dans la Kabbale).

10. Ces deux voies pourraient aussi, en un autre sens et suivant une autre corrélation, être respectivement celle des initiés en général et celle

des mystiques, mais cette dernière est « irrégulière » et n'a pas à être envisagée quand on s'en tient strictement à la norme traditionnelle.

11. Il faut même remarquer que, dans certains cas, les mêmes symboles représentent à la fois la Vierge et le Christ ; il y a là une énigme digne d'être proposée à la sagacité des chercheurs, et dont la solution résulterait de la considération des rapports de la *Shekinah* avec *Metatron*.

12. M. Valli dit que la « critique » apprécie peu les données traditionnelles des « gnostiques » contemporains (p. 422) ; pour une fois la « critique » a raison, car ces « néo-gnostiques » n'ont jamais rien reçu par une transmission quelconque, et il ne s'agit que d'un essai de « reconstitution » d'après des documents, d'ailleurs bien fragmentaires, qui sont à la portée de tout le monde ; on peut en croire le témoignage de quelqu'un qui a eu l'occasion d'observer ces choses d'assez près pour savoir ce qu'il en est réellement.

13. À propos des Ordres de chevalerie, disons que l'« Église johannite » désigne la réunion de tous ceux qui, à un titre quelconque, se rattachaient à ce qu'on a appelé au moyen âge le « Royaume du Prêtre Jean », auquel nous avons fait allusion dans notre étude sur *Le Roi du Monde*.

14. Nous avons vu, dans un ancien cimetière du XVe siècle, des chapiteaux dans les sculptures desquels sont curieusement réunis les attributs de l'Amour et de la Mort.

15. Il n'est peut-être pas sans intérêt de remarquer en outre que les initiales *F. S.* peuvent aussi se lire *Fides Sapientia*, traduction exacte de la *Pistis Sophia* gnostique.

16. M. Grillot de Givry a donné sur ce sujet une étude intitulée : « Les Foyers du mysticisme populaire », dans *Le Voile d'Isis* d'avril 1920.

17. Cf. *Le Voile d'Isis*, octobre 1926.

18. *Rita*, en sanscrit, est ce qui est conforme à l'ordre, sens que l'adverbe *rite* a gardé en latin ; l'ordre cosmique est ici représenté par la loi du rythme.

19. La même chose se trouve aussi dans les légendes germaniques.

20. Cf. *Autorité spirituelle et Pouvoir temporel*, chap. VIII.

21. Nous rappellerons l'expression maçonnique de « morceau d'architecture » ; elle s'applique, au sens le plus vrai, à l'œuvre de Dante.

22. Nous pensons notamment à certaines des considérations contenues dans le très curieux livre de M. Pierre Piobb sur *Le Secret de Nostradamus*, Paris, 1927.

1. *Il Linguaggio segreto di Dante e dei « Fedeli d'Amore »*, vol. II (*Discussione e note aggiunte*) ; Roma, Biblioteca di Filosofia e Scienza, Casa editrice « Optima ».

2. *Dante* n'est en effet qu'une contraction de *Durante*, qui était son véritable nom.

3. Dans le 17e degré, celui de « Chevalier d'Orient et d'Occident », on trouve aussi une devise formée de sept initiales, qui sont celles d'un septénaire d'attributs divins dont l'énumération est tirée d'un passage de l'*Apocalypse*.

4. Ce cœur ainsi placé nous rappelle la figure, non moins remarquable et mystérieuse, du cœur de Saint-Denis d'Orques, représenté au centre des cercles planétaire et zodiacal, figure qui fut étudiée par M. L. Charbonneau-Lassay dans la revue *Regnabit*.

5. On pourra, à ce propos, se reporter à ce que nous avons dit au sujet du traité *De Monarchia* de Dante dans *Autorité spirituelle et Pouvoir temporel*.

6. *Paradis*, XXVI, 133.

7. Est-ce par une simple coïncidence que le cœur de Saint-Denis d'Orques, dont nous venons de parler, porte une blessure (ou ce qui paraît tel) en forme de *iod* ? Et n'y aurait-il pas quelques raisons de supposer que les anciennes figurations du « Sacré-Cœur » antérieures à son adoption « officielle » par l'Église, ont pu avoir certains rapports avec la doctrine des « Fidèles d'Amour » ou de leurs continuateurs ?

8. *Le origini della letteratura italiana nel pensiero di Dante*, Palermo, 1930.

1. *Le origini della letteratura italiana nel pensiero di Dante.* Palermo, 1930.

2. Sans doute faut-il entendre par là trois sens supérieurs au sens littéral, de sorte que, avec celui-ci, on aurait les quatre sens dont parle Dante dans le *Convito*, ainsi que nous l'avons indiqué au début de notre étude sur *L'Ésotérisme de Dante*.

3. Selon l'ordre hiérarchique normal, l'initié est au-dessus du « clerc » ordinaire (fût-il théologien), tandis que le « laïque » est naturellement au-dessous de celui-ci.

4. « La Science des lettres » (*Le Voile d'Isis*, n° de février 1931), et « La Langue des oiseaux » (n° de novembre 1931).

5. Il va sans dire que, quand on oppose « langues vulgaires » à « langues sacrées », on prend le mot « vulgaire » dans son sens habituel ; si on le prenait au sens de Dante, cette expression ne s'appliquerait plus, et c'est plutôt « langues profanes » qu'il faudrait dire pour éviter toute équivoque.

6. Voir à ce propos le chapitre sur « Le Don des langues » dans *Aperçus sur l'Initiation*.

7. Ajoutons encore que, comme le note M. Scarlata, l'idée de la continuation de la langue primitive est contredite par les paroles que Dante lui-même, dans *La Divine Comédie*, attribue à Adam (*Paradiso*, XXVI, 124). Ces paroles peuvent d'ailleurs s'expliquer par la considération des périodes cycliques : la langue originelle fut *tutta spenta* dès la fin du *Krita-Yuga*, donc bien avant l'entreprise du « peuple de Nemrod », qui correspond seulement au début du *Kali-Yuga*.

8. C'est à peu près de la même façon que les prédécesseurs des chimistes actuels sont, non les véritables alchimistes, mais les « souffleurs » ; qu'il s'agisse des sciences ou des arts, la conception purement « profane » des modernes résulte toujours d'une semblable dégénérescence.

1. *Studi sui « Fedeli d'Amore »* ; *I. Le « Corti d'Amore » in Francia ed i loro riflessi in Italia* ; Roma, Biblioteca della *Nuova Rivista Storica*, Societa editrice Dante Alighieri, 1933.

2. Cf. *Aperçus sur l'Initiation*.

3. Rappelons encore, à ce propos, qu'il ne peut aucunement s'agir d'une « secte » : le domaine initiatique n'est pas celui de la religion exotérique, et la formation de « sectes » religieuses ne peut avoir été ici qu'un autre cas de dégénérescence profane ; nous regrettons de retrouver encore chez M. Ricolfi une certaine confusion entre les deux domaines, qui nuit beaucoup à la compréhension de ce dont il s'agit réellement.

4. Est-ce par une simple coïncidence que, dans le Compagnonnage, le « Tour de France » laisse de côté toute la région septentrionale et ne comprend guère que des villes situées au sud de la Loire, ou ne faut-il pas voir là quelque chose dont l'origine peut remonter fort loin et dont les raisons, cela va sans dire, sont aujourd'hui entièrement perdues de vue ?

5. C'est le côté du *yin* dans la tradition chinoise, tandis que le côté opposé est celui du *yang* ; et cette remarque pourrait aider à résoudre la question controversée de la position respective des deux colonnes symboliques : celle du Nord doit normalement correspondre au principe féminin, et celle du Midi au principe masculin.

6. Voir *L'Ésotérisme de Dante*. – M. Ricolfi a lui-même étudié, dans un de ses articles du *Corriere Padano*, le sens particulier donné par les « Fidèles d'Amour » au mot *Merzè*, qui semble bien avoir été une des désignations énigmatiques de leur organisation.

7. Voir notre article sur ce sujet dans *Le Voile d'Isis*, n° de novembre 1931.

8. M. L. Charbonneau-Lassay a consacré une étude à ce sujet dans la revue *Regnabit*.

9. Voir chap. V ci-dessus.

10. *L'Ésotérisme de Dante*. – M. Ricolfi semble d'ailleurs assez disposé à admettre les rapports des « Fidèles d'Amour » avec les Templiers, bien qu'il n'y fasse qu'une allusion en passant, cette question étant en dehors du sujet qu'il se proposait de traiter plus spécialement.

11. À une époque plus récente, nous retrouvons encore un procédé similaire, et employé de façon beaucoup plus apparente, dans le traité hermétique de Cesare della Riviera, *Il Mondo magico degli Heroi* (voir notre compte rendu dans *Le Voile d'Isis*, n° d'octobre 1932). – De même, quand Jacques de Baisieux dit que *a-mor* signifie « sans mort », il ne faut point se hâter de déclarer, comme le fait M. Ricolfi, que c'est là une « fausse étymologie » : en réalité, il ne s'agit nullement d'étymologie, mais d'un procédé d'interprétation comparable au *nirukta* de la tradition hindoue ; et, sans rien connaître du poème en question, nous avions nous-même indiqué cette explication, en y ajoutant une comparaison avec les mots sanscrits *a-mara* et *a-mrita*, dans le premier article que nous avons consacré aux travaux de Luigi Valli, devenu ici le chap. IV.

12. Voir chap. V ci-dessus.

13. Dans la Maçonnerie opérative, le fil à plomb, figure de l'« Axe du Monde », est suspendu à l'étoile polaire, ou à la lettre G qui dans ce cas en tient la place, et qui n'est elle-même, comme nous l'avons indiqué, qu'un substitut du *iod* hébraïque (cf. *La Grande Triade*, chap. XXV).

1. *The Holy Grail, its legends and symbolism* ; London, Rider and C°, 1933.

2. Luc Benoist, *La Cuisine des Anges, une esthétique de la pensée*. Paris, 1932, p. 74.

3. C'est là une fonction essentiellement « *lunaire* », et il est à remarquer que, suivant l'astrologie, la masse populaire correspond effectivement à la Lune, ce qui, en même temps, indique bien son caractère purement passif, incapable d'initiative ou de spontanéité.

4. Si M. Waite croit, comme il le semble bien, que certaines choses sont trop « matérielles » pour être compatibles avec l'existence d'un sens supérieur dans les textes où elles se rencontrent, nous pourrions lui demander ce qu'il pense, par exemple, de Rabelais et de Boccace.

5. Cf. *Aperçus sur l'Initiation*.

6. De ce qu'une lettre attribuée au Prêtre Jean est manifestement apocryphe, M. Waite prétend conclure à son inexistence, ce qui est une argumentation pour le moins singulière ; la question des rapports de la légende du Graal avec l'Ordre du Temple est traitée par lui d'une façon qui n'est guère moins sommaire ; il semble qu'il ait, inconsciemment sans doute, une certaine hâte d'écarter ces choses trop significatives et inconciliables avec son « mysticisme » ; et, d'une façon générale, les versions allemandes de la légende nous paraissent mériter plus de considération qu'il ne leur en accorde.

1. *Regnabit*, juin 1925.
2. *Id.*, novembre 1924.
3. *Regnabit*, janvier 1925.
4. *Regnabit*, août-septembre 1924.
5. *Regnabit*, janvier 1925, figure p. 106.
6. *Id.*, janvier 1925.